商业运作

BUSINESS OPERATIONS

［美］简·拉尼根（Jane Lanigan）等 编

邵 鑫 译

中国原子能出版社 中国科学技术出版社

·北 京·

© 2022 Brown Bear Books Ltd. A Brown Bear Book

Devised and produced by Brown Bear Books Ltd, Unit G14, Regent House, 1 Thane Villas, London, N7 7PH, United Kingdom

Chinese Simplified Character rights arranged through Media Solutions Ltd Tokyo Japan email:info@mediasolutions.jp in conjunction with Chinese Connection Agency Beijing China

Simplified Chinese edition copyright ©2023 by China Science and Technology Press Co., Ltd. and China Atomic Energy Publishing&Media Company Limited.

北京市版权局著作权合同登记　图字：01-2023-2014。

图书在版编目（CIP）数据

商业运作 /（美）简·拉尼根（Jane Lanigan）等编；邵鑫译 . -- 北京：中国原子能出版社：中国科学技术出版社，2024.1

（极简经济学通识）

书名原文：Business Operations

ISBN 978-7-5221-2924-2

Ⅰ.①商… Ⅱ.①简… ②邵… Ⅲ.①商业经营—通俗读物 Ⅳ.① F715-49

中国国家版本馆 CIP 数据核字（2023）第 161596 号

策划编辑	王雪娇	
责任编辑	付　凯	
封面设计	创研设	
版式设计	蚂蚁设计	
责任校对	冯莲凤　吕传新	
责任印制	赵　明　李晓霖	

出　　版	中国原子能出版社　中国科学技术出版社	
发　　行	中国原子能出版社　中国科学技术出版社有限公司发行部	
地　　址	北京市海淀区中关村南大街 16 号	
邮　　编	100081	
发行电话	010-62173865	
传　　真	010-62173081	
网　　址	http：//www.cspbooks.com.cn	

开　　本	880mm×1230mm　1/32
字　　数	163 千字
印　　张	6.625
版　　次	2024 年 1 月第 1 版
印　　次	2024 年 1 月第 1 次印刷
印　　刷	北京华联印刷有限公司
书　　号	ISBN 978-7-5221-2924-2
定　　价	69.00 元

（凡购买本社图书，如有缺页、倒页、脱页者，本社发行部负责调换）

献给热爱经济学的你

| 目　录

商业小传

商业是国家文化的一部分，却又不止于此。商业通过很多重要的领域塑造着文化，也决定着我们周遭许多事物的本质。商业的重要性自是毋庸置疑，可是要给它下个定义却发现它的存在并不简单。

开灯、读书、看电视、看电影、喝一杯咖啡、买一件新衣服、坐公交去学校，或是在枕头上呼呼大睡——只要做了这其中的任何一件事，你都算使用了通过商业设计、创造和销售的商品。商业不仅仅塑造着我们的物质世界，同时也影响着我们的精神世界和文化。举个例子，圣诞老人本来是身穿绿色加白色的衣服，直到可口可乐公司在一次营销活动中为其设计了红色加白色的装束，从此这一形象深入人心，再未更改。而可口可乐的瓶子则是现在全球家喻户晓的符号之一。每年，数以千计的公司在广告上投入数十亿美元，这些广告直接或间接地出现在我们生活中。商业已是现代生活不可或缺的一部分。

商业电视台的商业活动是为各种行业的各类产品提供广告的场所。

可口可乐是一家典型的美国企业。它的商标通过广告在全世界变得家喻户晓。

早期的商业活动

宽泛地讲，商业或可定义为一个经济组织单元，专门用于满足人们的需求——比如食物、水、衣物，或是假日、电影和CD播放器。可以说，商业活动对人类社会至关重要。不过，商业的形式多种多样，在不同国家、不同时期也会显现出不同的特点。因此，在解释商业活动当下的运作方式前，有必要了解现代商业的历史和演变过程。

商业的形式并非一成不变。现代商业实践的发展可以从中世纪和近代的经济转型中找到根源，也可以从早期贸易公司、资本主义的模式和制造业的扩张中发现踪迹。当下典型的商业形式，即大型跨国企业和上市公司，则进一步受到了技术发展、税收政策和当代国际冲突的影响。许多历史学家会将现代商业的根源追溯到西欧和北美发达国家，因为目前世界经济中占据主导的商业模式正是在这些国家诞生的。

这一时期，欧洲的庄园经济意味着许多人都从事农业生产。庄园的领主向农民或农奴提供土地，并获取收成作为回报。这种模式下很难产生盈余，因此，此时的商业活动规模很小，且主要形式是以物易物或是集市上的货物交换。同时，国家特许建立的行会则意味着大型的贸易几乎只发生在特定的地理区域。当时的商业活动也因此主要是个人在当地进行商品或工艺的交易。

除了这些小型的商业活动，还有一些公司与他国开展贸易。它们由政府特许成立，通常享有某一特定区域的垄断贸易权。这类公司是商人的集合体。商人们虽然还是各做各的生意，却需要共同遵守一系列严格的规则。这类规则通常用于保证物价和利润能稳定在一定范围内。英国商人冒险家公司（Merchant Adventurers of England）是最早的特许公司之一。它于1407年获得向荷兰出口服饰的特许状，之后，它的出口还扩大到德国西北部。16世纪开始，建立特许公司的做法在法国和荷兰也流行了起来。

尽管人类历史最早记录的贸易形式是以物换物，然而到了15世纪时，欧洲大陆上的商人接受的是以钱币换取他们的物品，而非用其他的商品交换。

殖民扩张

在工业化之前，发展最快的商业领域是海外贸易。特许公司不仅获得了贸易的权利，更是站在了殖民活动的最前线。伦敦公司、普利茅斯公司和马萨诸塞海湾公司直接参与了殖民地开拓在北美的定居活动。英国、法国和荷兰都成立了各自的东印度公司。这些公司参与的暴力战争既是殖民历史的一部分，也是贸易进程中的一环。由于这样的殖民兼贸易活动风

险太高，成本甚巨，这些公司开始采用股份制，即从投资人手上借来钱，而投资人可以从利润中分成。这种制度让资金的来源大大扩展。此外，因为拥有政府的特许状，投资人只需要为他们投资的那一部分资金负偿付责任，而无须承担公司可能遭受的损失的全部。这一做法在今天叫作"有限责任"。不过，1720年英国颁布了《泡沫法案》（Bubble Act），全体投资人需要共同担负全部的债务责任，股份制公司的热度也就随之退却了。

为了满足公司对更大资本的需求，有限合伙制度开始兴起。"有限合伙"指的是仅有部分合伙人需要对公司遭遇的损失承担全部的偿付责任。采用有限合伙制度的公司在18—19世纪早期的欧洲和美国相当常见。从19世纪中叶开始，

随着海上和陆上交流以及对外贸易量的增加，欧洲第一次出现了大批来自非洲和亚洲的新颖且充满异域风情的物品。

随着公司的发展和对更多资本的需求，公司这一形式逐渐被广泛接受，并成为现代世界中最重要的一种商业机构。

以下的这些社会经济发展对于现代商业的兴起至关重要：

• 庄园体系的崩溃带来了劳动阶层的发展，由此出现了一类依靠劳动力而非土地谋生的人群。这一进程也受到了人口增长的影响。

• 出现了可供投资的资本。比如英国航海家弗朗西斯·德雷克爵士（Sir Francis Drake）将洗劫西班牙大帆船获得的金银块作为资本，成立了黎凡特公司。

• 金融体系逐步成型。这一过程中，信贷不断扩张，贷款需要收取利息的做法慢慢被人

爱迪生电灯公司在纽约的第一栋建筑。这是一家著名的美国私有企业。

金鹿号，弗朗西斯·德雷克爵士麾下最著名的船只。

们所接受，同时银行也出现了。凡此种种，对于把小生意做成大公司都不可或缺。而这一进程随着英格兰银行在1694年建立得到了进一步巩固。

• "创业者"出现。他们是精于算计的冒险者，他们将自己或他人的钱投在新公司的成立或是公司的扩大上。这样的创业精神在16世纪的英国和欧洲大陆出现，18世纪也出现在了美国。

• 工资体系的发展和人口的增长在很多发展中国家催生了规模庞大、流动性强的劳动力大军。工人们越来越受到工业化行为准则的束缚，不仅工作时间长——通常是12～14小时一天，工作节奏也因为机械化的发展而非常严苛。

• 工业化对现代商业，尤其是工厂体系的发展至关重要。工厂体系是英国人理查德·阿克赖特（Richard Arkwright）于18世纪末设

弗雷德里克·泰勒——时间与动作研究的创始人

1856年3月20日，被誉为"科学管理之父"的弗雷德里克·泰勒出生于宾夕法尼亚州费城。他虽考入了哈佛大学，却因为视力下降最终辍学。此后他在家乡费城的恩特普里斯水压工厂当起了模具工和机工学徒。1878年，他去了米德维尔钢铁公司，起初只是一名机械工人，但他迅速升迁，从车间管理员、技师、工长、工头、维修工一直做到了制图主任，最后成了总工程师。

1881年，他和他的网球搭档拿下了全美网球比赛的双打冠军。也正是在这一年，他在米德维尔工厂引入了时间研究项目。这一项目非常成功，很快被美国乃至全世界各种追求进步的工厂所效仿。

泰勒的管理理论认为，仔细观察每一个工人，消除他们在工作中多余的时间和动作，能够提升工厂或商铺的生产效率。这种时间与动作的研究进行得太过激进时难免会招致反对和埋怨，但其背后的理念确实对生产的合理化带来了重要的帮助，对于大规模生产的技术也影响甚巨。

弗雷德里克·泰勒出版了多部著作，其中最重要的一部是1911年出版的《科学管理原理》（*The Principles of Scientific Management*）。1915年3月21日，泰勒于费城逝世。

计的，之后被广泛接受。美国的第一家工厂是波士顿建造公司，成立于1814年。

劳动生产随着"科学管理"的出现变得越发严苛。这一管理技巧主要由美国商人、工程师，弗雷德里克·W.泰勒（Frederick W. Taylor）提出，其理论基础在于，只有所有劳动力都有所专攻，各自负责不同的简单任务，并使用传送带进行生产时效率才是最高的。

工会的兴起

然而，在社会经济发展的同时，劳资之间的冲突也逐渐显现，并直接促成了工会组织的出现。欧洲的工会是工人阶级对抗雇主的牢固基础：这类政治机构的出现为社会主义创造了天然的选民基础，同时也与工党的发展相呼应。左翼萌芽带来的冲突中，有一些升级成了血腥的革命，也引起了政府的暴力压制。美国的工会，比如圣克里斯平骑士团、美国劳工联合会（AFL），以及产业工会联合会（CIO），相较欧洲的一些工会来说没有那么激进。它们主要致力于提高工人的工资待遇、控制工作时长及改善工作条件，但并不会去反抗现有的社会秩序。工人组织在出现之时遭到了企业家和政府的强烈反对，但最终还是得到了政府的承认（比如美国在1935年通过了《瓦格纳法》①），并成为现代商业的发展和结构中重要的一部分。

因此，到了20世纪初，企业的这种商业形式得到了进一步的发展，但也在一定程度上受到了有组织劳工需求的限制。这类企业的

---

① 《瓦格纳法》，又称《全国劳资关系法》（National Labor Relations Act），由当时的美国总统罗斯福于1935年签署。该法旨在保护工人利益，如赋予工会权利，界定雇主的不正当行为等。——译者注

发展对于现代商业结构的形成非常重要。制造业的新技术需要更大规模的商业来支撑。比如研发内燃机需要企业在较长时期内都持有大量的资本，数额远胜以往；又比如研发部门对化工行业来说必不可少，但又远非一般的小型企业能够负担的。19世纪晚期，美国成为当时世界上最大的制造国，国内满是大型企业。美国前总统卡尔文·柯立芝（Calvin Coolidge）说过这样一句名言："美国的要务就是商业。"

大型企业的发展

为了免受竞争可能带来的负面影响，出现了所谓的"君子协定"和卡特尔①。卡特尔通常会统一定价，同时给公司圈定各自可以垄断贸易的地理区域。1926年成立的一家钢铁业卡特尔汇集了当时来自比利时、法国、德国和卢森堡的公司。不过这样的卡特尔往往并不长久，因为对于单个企业的管理层来说，扩大自身销售额的愿望总是会压过彼此间合作的需要。随之出现的大型托拉斯②曾被资本家认为是更好的选择。所谓托拉斯，即大型公司通过合并业内其他公司形成对整

19世纪大规模劳动力的出现带来了工人运动的发展。工人们联合一致对抗可能的剥削，同时追求更好的工作条件。

---

① 卡特尔，英文为 Cartel，即企业联盟，通过统一价格、防止竞争来增加共同利润。——译者注

② 托拉斯，英文 Trust 的直译，垄断组织的高级形式之一，指为减少竞争、操纵价格等而非法联合起来的企业组织。——译者注

个行业的垄断。这也正是标准石油公司奉行的政策。尽管之后这样的企业行为遭到了法律禁止，但却又出现了控股公司来绕过法律的限制。正如标准石油公司长期的合伙人 J.D. 洛克菲勒①（J.D. Rockefeller）所说，"企业的联合会一直存在"。

工业的发展一直持续到20世纪。1863年，这家制帽公司的员工只有20人；而到1909年拍摄这张照片时，它在英格兰曼彻斯特的工厂里就有超过700名技术工人。

最早的跨国企业

大型企业的另一大趋势是跨国公司的发展。1867年，美国缝纫机公司胜家（Singer）在苏格兰的格拉斯哥建成了它的第一家海外工厂。它也由此成为第一个真正意义上的跨国企业，在同一个品牌名下，在全世界的不同地方以同样的方式生产相同的产品。20世纪运输与通信技

① J.D.洛克菲勒，美国实业家、慈善家、标准石油创立人，被称为"石油大王"。——译者注

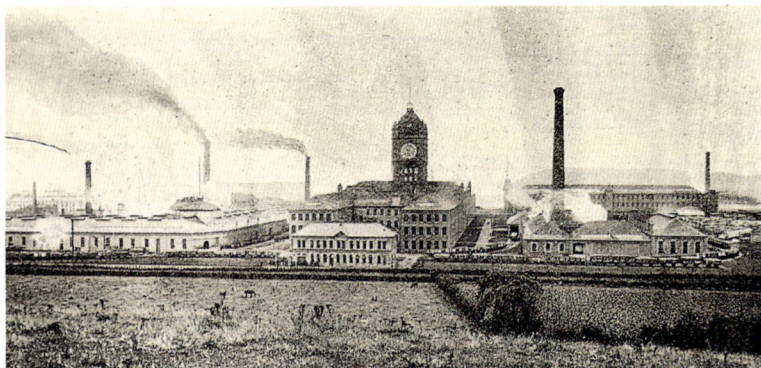

通过在苏格兰的格拉斯哥开设缝纫机工厂,美国公司胜家成为第一家真正的跨国企业。

术的发展以及大众市场的出现使现代跨国企业成为可能。许多国家对进口商品征税的做法——保护主义政策,以及诸如欧洲自由贸易联盟(EFTA)和更晚出现的欧洲共同体(EC)这样的贸易集团的出现,也刺激了跨国企业的发展。

技术发展迅速的行业,其在出现大型企业的同时自然也需要对商业的内部组织方式加以变革。在这一转变过程中,马克斯·韦伯(Max Weber)和亨利·法约尔(Henry Fayol)等理论家发展了组织理论。其中非常重要的一点是,当国家在经济中的作用以及银行在商业中的作用日益显著,工会的重要性提升,商业的规模和复杂度提高时,专业的管理阶层也由之产生。随着企业规模的扩大,其发展需要的知识也越发专业,股东齐坐一堂制订公司策略也就越发困难。管理上的变革涉及商业机构的内部分工,销售、会计、公共关系、广告、产品研发等部

铁路系统的发展对于19世纪美国经济的发展做出了重大贡献。

门分别成立。这些部门中满是新兴的白领阶层，他们的上级和经理则在各自的职权范围内进行决策。带着英雄色彩的创业家们说一不二，在决定大企业和数百名员工命运的重要决策上独断专行的日子，自此一去不复返。决策逐渐变成专业经理人组成的委员会的职责所在，每一位有着不同职能的经理人都可以提出自己意见，没人再能独揽大权。

第二次世界大战后，大型企业成为占据主导的商业形式。这些大型企业通常业务遍布全球，部门各有分工，部门经理向代表股东的公司委员会汇报。大型企业在战后的增长不断加速，规模也越来越大，出现了大量的兼并，跨国企业也蓬勃发展。不过很多国家，尤其是欧洲国家，因为刚刚经历过战争，政府干预空前频繁，公营部门也快速发展。比如在英国和法国，政府将煤矿行业和交通运输业国有化，并以类似私营公司的模式经营这些国有企业。于是，这些改变了西方乃至全世界方方面面的复杂经济转型也催生了现代形式的商业。

现代商业分类

现代商业机构规模不同，形式也各异：它们不仅组织方式多种多样，经营的原则也各不相同。商学院学生、政府机构人员、金融分析师和商人自己对现代商业的描述也不尽相同。这些复杂的行业分类方式，需要考虑所有制、企业的规模、目标、产出的类型、企业的内部结构等因素。

按赢利情况分类

一种主要的分类方式是看一个行业是否赢利或者是否试图赢利。按照这种方式，商业机构可以分为营利性行业、国有行业和慈善行业。

营利性行业通常存在于私营部门，主要形式包括股份制企业、合伙企业、独资企业等。图1所示为1991年美国不同所有制商业机构的占比情况，图2为其营业收入占比情况。大部分的美国公司都是私有公司，比较有名的包括麦当劳、福特汽车公司和微软等。当地商场里的店铺、水管工和推销员也属于这一行业类型，只不过规模小很多。

慈善机构因为是主要依靠私人捐赠的企业，因此也算是私营部

股份制企业 18.5%

合伙制企业 7.4%

独资企业 74.1%

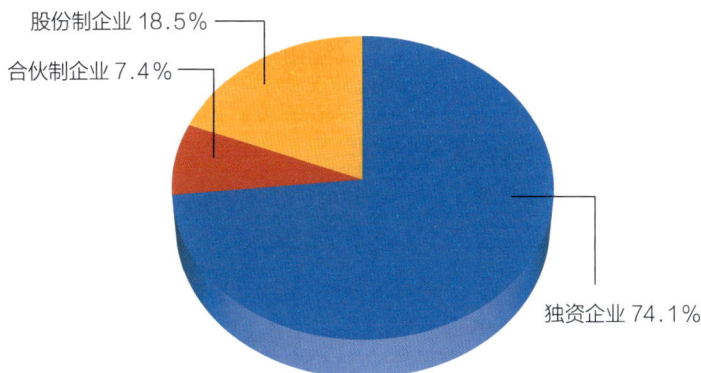

图 1　美国不同所有制商业机构的占比情况（1991 年）

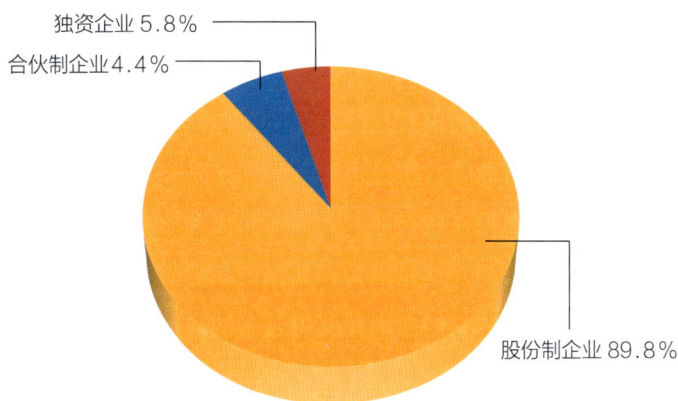

独资企业 5.8%

合伙制企业 4.4%

股份制企业 89.8%

图 2　美国不同所有制商业机构的营业收入占比情况（1991 年）

门的一部分。尽管慈善机构与营利性企业的目的不同，但它们的组织架构却往往是类似的，两者的主要区别在于前者不赢利，且一段时间内支出应与其收入持平。慈善机构的一个例子是国际红十字会，其资金来源是捐赠和拨款。国际红十字会会向全世界各地经受战争和自然灾害的地区派遣专业的医疗人员。

　　国有机构则属于公营部门，主要包括国有企业、地方政府、军队和行政部门。公营部门内的商业机构由国家完全或部分所有，同时由政府机构所控制。国家提供给这类组织的资金来自对私有企业的收益、员工的收入和消费者的支出征税。而这类组织获得的任何利润又会回到政府手上。这类组织依照公有制经营，因此它们提供的产品和服务都是国家垄断的。这类组织的典型代表包括公共事业（电力、水利等），广播和交通运输行业。有些国家是出于意识形态对一些行业国有化，最常见的是为了实现社会主义的目标，即通过生产方式的公共所有，让社会更加公平。基于这一目的被国有化的行业通常包括铁路、煤矿和银行业等。不过也有一些国家是出于战略考虑而掌控一些行业，比如对军火和飞机制造业保持控制，这是因为，如果由私营企业掌管这类行业，它们会因此获得过多的政治权力。

在欧洲，大部分国家都属于"混合"经济，也就是说公营部门的比例适中。第二次世界大战后，英国和法国政府掌控了煤矿、铁路、公共事业、银行和保险业中的私有企业；而在苏联这样的社会主义国家中，所有商业机构都是国有的；很多刚刚独立且不太发达的国家中，公营部门的占比也相当大。不过在美国，上面提到的这些行业服务通常是可以由私有企业在遵守

田纳西河流域管理局（TVA）是美国为数不多的国有企业之一。图中展示的是作为20世纪30年代新政的一部分，田纳西河流域管理局正在兴建的一座大坝。

严格的法律监管下提供的。美国的国有企业少之又少，最重要的几个中，一个是1933年建立的田纳西河流域管理局，还有一个是美国的邮政体系。

按产业分类

按照产业可以把行业分为四类：第一产业、第二产业、第三产业和第四产业。

第一产业通常又被称为"开采行业"，因为这一产业中的行业主要是从环境中开采自然资源。自然资源分为可再生资源（比如鱼类）和不可再生资源（如石油和煤炭）。这些行业非常依赖充足的自然资源。比如美国的得克萨斯州在探明拥有大量石油储备后，很多行业随之繁荣。许多珍贵的自然资源都集中在个别几个国家：沙特阿拉伯拥有世界上近20％的石油储量，而南

位于美国俄亥俄州考德威尔的一处露天煤矿。煤炭是一种非常有价值却不可再生的自然资源。这意味着当煤炭储量耗尽时将无法恢复。

非的黄金资源十分丰富。

　　关于自然资源所有权的争论过去曾导致严重的政治冲突，现如今也依旧如此。东印度的宝贵香料以及墨西哥和南非的黄金带来的不仅是贸易，还有欧洲残暴的殖民主义。举个更近一点的例子：1991年海湾战争的爆发，规模小一些的，还有许多不同国家渔民之间就一片水域的捕鱼权的纠纷。1999年，欧盟通过一项法规，允许西班牙的船只在此前仅有英国船只的水域捕鱼，由此引发两国渔民对这一水域中自然资源所有权的争论。

　　不过，尽管日本自身资源贫乏，它还是取得了经济上的成功。这主要因为它的经济竞争力大部分来自其第二产业。第二产业，或称制造业，就是将第一产业的产出加以转化，用于其他用途。通常来说，制造业兴盛的地方劳动

在日本宫崎县，检查员正在检查刚刚装配完成的丰田汽车。丰田和本田、日产是日本最大的三家汽车制造商。

位于印度班加罗尔的一家电子工厂。印度是一个发展中国家，跨国企业在这里可以通过较低的运营成本和人力成本获得较高的产出和利润。

力成本比较低，或者有大量成熟的技术工人。20世纪80年代末，本田、日产和丰田等日本汽车企业大获成功，日本也因此开始主导全球的汽车市场。类似的成功还出现在印度和新加坡，这两地是主要的电子产品和服饰的供应方。

历史上第二产业的地理分布遵循着一个非常有意思的规律。英国从18世纪中叶到19世纪晚期经历了第一次工业革命，而这次变革的基础正是由于第二产业急剧扩张，制成品数量也随之激增。然而，有利于制造业发展的条件由于工人组织和各种政治运动受到了削弱，因此英国开始稳步（有时也非常剧烈）地开始向第三产业发展。这一转变也受到了来自印度、韩国和新加坡企业的竞争，因为当地的工人工资水平更低。

从事第三产业的行业利用第二产业生产的

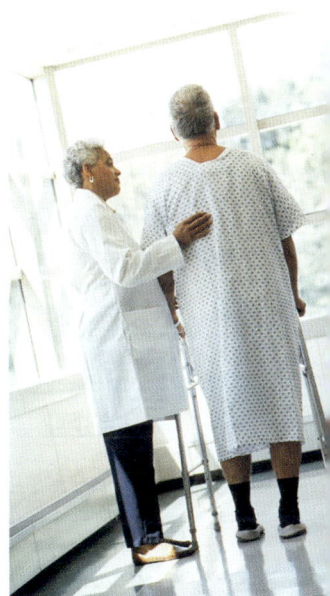

医疗保健是第三产业中重要的行业之一。

产品提供服务，比如金融、医疗、教育等。美国、欧洲各国、加拿大和澳大利亚经济的持续发展正是得益于第三产业的扩张。

最后是规模非常小的第四产业。位于这一产业的行业仅提供标准制定和建言献策这样的间接服务，比如监管机构、学术机构和政府顾问机构等。

所有制类型

除了刚才提到的几种分类方法，还可以根据所有制和更具体的法律规范对行业加以分类。商业和监管商业的法律都在演进，商业的类型也发生了改变。目前，私营部门中主要存在三种所有制：独资经营、合伙经营和股份经营，而每一种的所有者都要负相应的法律责任。除了这三种主要类型外，还存在很多其他对现代经济非常重要的商业形式，比如跨国公司、子公司、空壳公司、母公司、合资企业、国有企业、特许经营企业和合作社等。

独资企业

最基本的一种所有制形式就是独资经营。作为最简单和最常见的一种商业形式，独资企业由个人创立并经营。这类企业尽管也会招聘员工，但企业的所有权都掌握在一个人手上。这样的企业家富有创业精神，是商业世界里的冒险家。在最坏的情况下，这些企业家需要偿付其公司的全部债务，他们的财产可能会因此

理查德·布兰森爵士，维珍集团创始人。他将维珍从一家唱片零售商发展成世界顶尖的跨国公司，旗下包括多家投资公司和一家航空公司。

被强制变卖，房产被收回，还要经历民事（或刑事）诉讼。而在最好的情况下，一个成功的企业家可以把公司做大。比如英国商人理查德·布兰森爵士（Sir Richard Branson）在创立维珍集团之初还只是一个16岁的少年，当时他通过邮购方式卖唱片；而现在，维珍集团已经成为一个庞大的商业帝国，在音乐、媒体、软饮、互联网、航空和铁路行业都占有大量的股份。而对独资企业，更常见的情况则是，企业家可以完全享有决策的自由，同时又不能为了度假这样的事情把自己的生意置之不理。毕竟，如果一家人的水管坏了，而一直联系的水管工又去度假了，他们是不会等去度假的水管工回来再修，而是会直接找别的水管工修理。

合伙企业

第二类所有制被称作合伙经营，采用这一所有制的企业由2～20名合伙人所有。通常一份合伙合同会包括如下内容：每一位合伙人的出资数额、各自的责任、利润如何分配，以及如何增持、减持出资额或退伙。合伙的可以是一群有相同职业的人，比如大家都是兽医，组建合伙公司之后就可以提供24小时的服务了；也可以是来自不同行业和职业的人，比如水管工、砌砖工、木匠和水泥匠合伙可以建造房屋；也可以是同一职业不同细分领域的人，比如专精于不同法律领域的律师通过合伙可以为当地人提供全面的法律服务。合伙制下的决策是由合伙人共同做出的，这可能会带来好的决策，也可能引发内部冲突，导致效率低下。正如独资企业家一样，合伙人们也对公司产生的债务负有偿付的责任。

股份制企业

第三类是股份制企业，也是一种重要的企业组织形式。它是一种特定的法律组织形式，由国家特许开展商业活动，由两名或以上的股东所拥有。这一类型的企业与前两种类型的企业有着几大鲜明的特点，也因此是开展大规模经济活动更加灵活的一种形式。

第一大特点是股东的有限责任制度。在股东买入股票后，他们不再承担进一步的损失，也不对企业可能的债务负有任何偿付责任。因此，当企业出现亏损且债权人（企业对其负债的一方）索取债务时，企业按照法律规定只能利用企业现有的价值加以偿付，只有在极少数情况下才会动用董事或股东的个人财富。

这一体系非常灵活，投资人之间很容易就可以相互转让权利，而无须对企业做组织调整。

第二大特点是股份制企业被认为具有特有的法律人格。股份制企业被看作一个虚构的"人"，企业与其所有者是相互独立的，这与独资企业或者合伙企业是不一样的，也因此股份公司可以以一个通用名称提起诉讼或被起诉、签署合同和持有资产。

第三大特点是股份制企业可以无限存续。这也就意味着，一家公司可能在所有创始人都已不在的情况下继续存在。

股份制企业可以私人控股也可以公开上市。大部分小型股份制企业都属于前者，即股份掌握在一小部分个人手上而没有在股票市场公开

图中是证券交易所大厅的电子布告栏，上面显示着各种股票的价格，并向交易员提供最新的信息。

交易。而一家上市企业则已经决定"面向公众"，即向公众发行股票。一家公司的股票一经发行即可在股票交易所交易。私人控股和公开上市的企业组织结构大致相同，主要的区别就在于股份的所有权。

有限责任

有些合伙企业通过成为上市企业来扩大规模，并开始在交易所发行股票，从而让合伙人可以享受有限责任的好处，也可以获得新资本的流入。但同时这也意味着，如果有人收购了该企业50％以上的股份，实际就掌控了这家企业，而这种情况是不会发生在私人控股公司的身上的。

因此可以得出的结论是，偿付责任是区分不同类型企业和不同所有制非常重要的一个方面。对于独资企业来说，个人需要偿付全部债务；而对于一家公开上市的股份制企业的股东来说，他的偿付责任仅与他的投资额度相关，与他其他的个人资产无关。

企业和政府对于有限责任原则的接受和广泛施行是发展大型工业的一个重要条件。1720年英国发生南海泡沫危机①后股份制企业经历了一波资本短缺的危机，因为投资人不太愿意再做大笔投资。考虑到当时如果投资的企业失败，投资人还需要动用自己的个人资产来偿还贷款，这种情绪也是可以理解的。在这样的背景下，有限合伙制度作为募集大笔资金的方式变得流行起来。

有限合伙制度和普通合伙制度非常相似，区别在于前者允许一部分（并非全部）合伙人可以仅对其在企业的投资担有偿付责任。有限合伙制度在18世纪和19世纪早期的欧洲各国和美国都很常见。

---

① 指1720年人们脱离常轨的投资南海公司狂潮引发的股价暴涨和暴跌，以及之后的大混乱。——译者注

随着时间的推移，一种公司全体所有者都只有有限责任的理念慢慢成形。1844年至1862年间，成立了许多所有股东都负有有限责任的股份公司。18世纪60、70年代法国和德国的法律改革也助力了股份制企业的形成。自此，有限责任公司正式成为现代经济中最重要也是最成功的一种商业机构形式。

融资渠道

融资渠道对现代大型企业的发展来说至关重要。对于任何企业来说，获得土地、建筑厂房和购买机器都少不了资本。企业的建立、维持和扩张都需要资金。

独资企业主要的劣势之一就在于其缺少获得金融资本的渠道。独资企业家往往依靠的是他们最开始募集到的资金，因为银行在缺少担保的前提下不太可能为其提供大额的借贷。独资企业若需要大笔资金实现现代化，那这一点就成为其扩张甚至是生存下去的重要障碍。此外，缺少融资渠道也让独资企业很难应对短期的挫折，即便长期来看企业的前景是向好的。合伙企业也面临着类似的问题，只不过在合伙人数较多的情况下，这些问题相对没有那么严重的影响，但能借贷的额度依然还是比较小的。

在这一点上，股份制企业与前两者形成了鲜明的对比：因为其投资人只需担负有限的责任，融资就轻松多了，发行公司的股票就能有效增加资本。股份制企业相对其他类型的企业规模会大很多，因为它们的借贷能力非常强。特许经营是另一种无须增加个人借贷而能扩张企业的方式。

英国企业家安妮塔·罗迪克（Anita Roddick）在1976年想要创立美体小铺这家公司时面临的一大阻碍就是缺少资金。最开始她从一个拥有一个车库的熟人手里融到了一笔资金（8000美元左右），开了第一家店。两人很快成立了一家私有有限责任公司，并同意双方将共享任何未来的收益。罗迪克通过特许加盟的方式开了更多的店铺。最终，美体小铺成为一家上市公司，在股票交易所公开发售其股份。通过这种方式，公司可以获得融资，扩大经营，而无须增加她个人的借贷或负债。现在，美体小铺在全球近50个国家拥有超过1000家店铺，而最早的两位所有者也成为千万富翁。

跨国企业在不同国家注册并同时开展经营活动。通常一家跨国企业会将其总部设在一个国家，然后在其他国家运作其完全或部分所有的子公司。对于跨国企业来说，最重要的是可以享受到规模经济带来的好处，以及由此获得的垄断地位，这两点也是跨国企业存在的原因。技术知识和营销策略可以轻松跨越国境，在不同国家销售可以更快收回研发新产品的成本；同时，通过在其他国家设立办

安妮塔·罗迪克，英国女商人。1976年在私人资金的帮助下，她开了美体小铺的第一家店铺。如今这一连锁品牌已成为国际市场的领跑者。

公室或工厂，跨国企业可以避免商品进口时的税款。这些特点在美国和日本的汽车企业身上表现得尤为明显，它们在欧洲建立了很多制造厂。其他著名的跨国企业还包括快餐连锁企业麦当劳、运动服装制造商耐克和软饮公司可口可乐等。跨国公司经常被一些人看作新殖民主义（新型扩张主义）的代理人而受到谴责，认为它们是外来统治的经济、文化和政治手段，而发展中国家则常常是受害方；不过也有人认为，跨国公司在这些发展中国家的存在利大于弊。

子公司、空壳公司和母公司

一家子公司由另一家公司完全所有。子公司通常一开始是独立的公司，之后被更大规模的企业收购。在美国广播公司（ABC）这个例子中，它本身自己拥有子公司，之后它成了另一

摄影师和记者正在为美国广播公司拍摄采访一位消防人员。该公司发展迅速，其所有权在多年间数次易手。

家公司的子公司；而这家公司最后也成了第三家公司的子公司。1955年，ABC 通过收购进入了留声机唱片市场，并在之后打造了包括 ABC、Westminster、Dot 和 Impulse 等多家唱片品牌。1985年，ABC 被大都会通信公司（Capital Cities Communication, Inc.）收购，成为一家子公司；而1995年至1996年间，大都市美国广播公司又被华特·迪士尼公司（Walt Disney Company）以190亿美元的价格收购。

佛罗里达州迪士尼魔法王国的灰姑娘城堡前，一场复活节主题的游行正在进行。迪士尼公司是世界娱乐和媒体行业的龙头，也是美国广播公司的母公司。

空壳公司和母公司

与子公司不同的是，空壳公司没有任何资产，不开展独立的运营活动。这类公司通常为其他公司建立，用于开展各种活动。

母公司或控股公司通过获得另一家公司规定数量以上的、具有表决权的股票，从而对其进行实际控制。通常情况下，一家母公司会拥有其子公司50%以上的股权，不过也有例外情况：比如虽然一家公司在另一家规模较小的公司中的股权占少数，但剩下的股权比较分散，这家公司依然可以将后者作为其子公司进行实际的控制。一家仅为这样的目的而建立的公司又被叫作"控股公司"；除了掌控其他公司的股权，自身也开展经营活动的则会被称为控股兼营业的公司。控股公司的建立通常有两大原因：第一，成立母公司进行控股比并购的法律程序更简单，成本也更低；第二，保留子公司的名字和部分员工会为控股公司赢得良好商誉，同时，控股公司又只需对其股份相应比例的子公司债务承担偿付责任。

美孚公司（Mobil Corporation）是美国最大的控股公司之一，该公司广泛涉足石油运营、化学品和零售业等领域。在1976年成立之初，该公司仅仅是当时美孚石油公司和马可公司（Marcor）这两家独立公司合并后的一家纯控股公司。现在美孚公司在世界各地开展石油开采活动，主要产出来自墨西哥湾、沙特阿拉伯、美国加利福尼亚、美国东海岸和阿拉斯加北坡（North Slope）的石油。

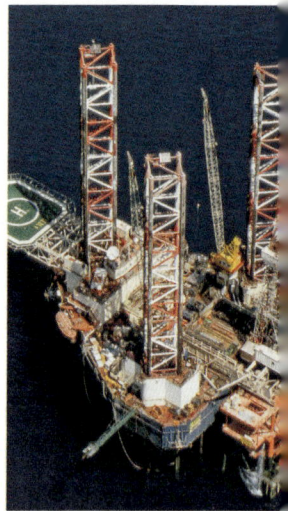

大型的石油企业中有些会广泛涉足石油经营、开采和零售，而成立控股公司来经营会更加容易，成本也更低。

合资企业

一家合资企业是由两家或以上现有的有限责任公司组成和拥有的单独的有限责任公司。公司们通过组建合资公司在特定的市场完成若干项目，并同意根据最初的投资份额来分配利润和损失。这样的合资公司是从17世纪的外贸活动中兴起的，当时采用了这一形式的公司包括莫斯科公司（Muscovy Company）和不列颠东印度公司（British East India Company）。

国有控股企业

在很多国家，政府是一些企业的大股东，这些企业就是国有控股企业，有着特定的权力体系、管理体系和与政府机构的关系。这类企业的资金来自国库，但资金的使用也需要能和常规商业运营的支出对得上。国有控股企业和公营企业不同，后者的股份由国家全部或部分所有，但只是普通的股份制公司。国有控股企业的一大优势就是可以做长线规划，因为国家的资金可以帮助它度过短期的困难。这样的企业组织形式为法国国营铁路公司（SNCF）带来了巨大的好处。1945年第二次世界大战结束后，法国国营铁路公司在大量的资金投入下研发出了当时世界上最快的客运列车系统。此外，出

政府的投资帮助法国国营铁路公司研发出了当时世界上运行最快的客运列车系统——法国高速列车（TGV）。

于一些社会原因，国有控股企业还会享受到竞争对手享受不到的国家补贴或额外的保护。不过近年来，虽然不是完全公允，但很多人都认为一些国有控股企业效率低下，在白白消耗国家的财富。

　　法国政府控股的汽车企业巨头雷诺堪称国有控股企业中成功的典范。这家公司由雷诺兄弟创建，并在1899年上市交易。第二次世界大战后，雷诺公司未被摧毁的设施、设备被法国政府没收。1945年，法国国营雷诺工业股份有限公司成立，主要生产受欢迎的廉价家庭汽车，并迅速在这一领域成为全球的领跑者。1979年至1987年间，雷诺大举进军北美，先后取得了美国汽车公司和麦克货车公司的控制权；同时雷诺也收购了法国汽车公司雪铁龙的重型卡车分公司①。1994年法国政府将雷诺部分私有化，将自身股权减持到50.1%，因此法国政府依然是该公司的控股股东。

法国汽车制造商雷诺，因为政府控股而在经济型车市场上拥有巨大优势。

特许经营的力量

　　特许经营通常指授权方允许其他人，即特许经营人（或称加盟商）使用其商业想法或品牌，并对其收费的做法：授权方既可以要求加盟商向其购买产品用于销售，也可以收取一笔初始费用后再在日后的销售额中抽成。相应地，

---

① 雷诺卡车原为雷诺的子公司，2001年被沃尔沃公司收购。——译者注

授权方会允诺不在加盟商门店周围一定范围内开设相似的门店。这一模式很受欢迎，因为加盟商可以打着知名品牌的名号经营，从而降低失败的风险，增加从银行或其他借贷机构融资的可能性。而对授权方来讲，也能扩大自身的规模而无须增加资本投入和债务。

哈兰德·桑德斯（Harland Sanders）是著名的特许经营授权人之一，他成立了连锁速食品牌——肯德基（Kentucky Fried Chicken）。桑德斯出生于肯塔基州谢尔比维尔（Shelbyville）①，在中学一年级时辍学。1929年，他在一家服务站开了一家餐厅。这家餐厅非常成功，为此桑德斯还在1935年被肯塔基州州长授予了"荣誉上校"的头衔。1939年，桑德斯上校完善了他的"吮指原味鸡"的配方，卖掉了餐厅，带着新配方上路了。开始时，他开设的新餐厅无人问津，但是到了1964年，美国和加拿大已经开了600多家肯德基，而桑德斯本人每年收益则达到了30万美元。也就是在这一年，他将这一快餐帝国大部分的股权出售，换得200万美元、每年4万美元的终身薪水，以及在董事会的席位。此后这一快餐帝国继续发展，1971年时全球已有3500家加盟店，年

桑德斯上校开创的肯德基在第二次世界大战前规模还很小，但通过稳步增长，最终在全球大规模扩张。

① 桑德斯上校实际上出生于印第安纳州亨利维尔镇（Henryville），此处应是作者笔误。——译者注

营业额7亿美元。桑德斯上校之后还一直积极参与公司的事务，甚至还在年过八旬的时候参演电视广告。

合作社

合作社这种模式最早出现在19世纪的英国，当时它被认为是代替传统资本主义的理想选择。一家合作社由一群选择共同经营的人组成，利润由大家共享。董事和经理最终需要向企业成员、员工和用户负责，而非向外部的股东负责。

在大多数国家，管理合作社的法律和管理普通商业机构的法律是不同的。合作社往往与提供信贷服务相关。合作社主要的三种类型包括：零售或消费者合作社、生产者合作社和合作社合资企业。大多零售合作社都是通过零售店销售必备食品和服装的有限责任公司。合作社所得利润根据其成员在一定时期内投入的资

在英国，合作社所有制保证了当时的摩托车制造商免于破产或被其他公司收购。

金比例进行分配。

生产者或工人合作社则是由劳动者所有。劳动者共同分担工作，共同参与决策，最后共同分享收益。英国摩托车制造商凯旋（Triumph）和诺顿（Norton）就是生产者合作社的例子。

合作社合资企业则是个体户为了特定目的组建而成的。比如在法国，一些来自同一地区的葡萄酒制造商会选择共同进行红酒的生产、营销和销售。这样的模式可以实现资本支出的规模经济效益，同时可以保护生产者免受短期、季节性的作物减产带来的负面融资影响。

商业机构的联合

商业的形式多种多样。除了上述的这些类型，个体企业也可能通过联合创造出新的商业形式。这种联合主要有两种形式：辛迪加（Syndicate）和卡特尔。

这条横贯阿拉斯加的石油管道是由产油公司组成的辛迪加建造的。这些公司为了实现共同的利益而共同行动。

辛迪加由一群企业或个人组建，用于开展某一特定的交易，满足各方的利益。通常当一些公司想要一起购买另一家公司的股票或是要完成一个项目时会组建辛迪加。修建了阿拉斯加输油管道的正是一家辛迪加。

与辛迪加类似，但争议性更大的是卡特尔。不同的企业组成卡特尔是为了限制竞争，固定价格。在西方，卡特尔这种商业形式在德国最为盛行，这主要是因为第二次世界大战时期国家经济需求旺盛。组成卡特尔的企业本身互相独立，但它们达成了对各方都有益的共同协定。卡特尔使得参与的企业实际处于垄断地位。参与企业通过固定价格获利，并在彼此间划分市场和销售份额，同时也会共同参与生产性活动。卡特尔的成立可以保护企业免受危险竞争和低价的影响。但从消费者的角度看，卡特尔必然会把价格抬高。此外，卡特尔也会导致行业发展的停滞，因为垄断的出现使技术发展变成了多余，而新兴的企业也完全没有可能获得成功。尽管不同国家面对卡特尔的做法不同，但限制卡特尔的建立同时拆分已有的卡特尔是现代国家发展经济的大体趋势。

商业机构

大型企业的发展也带来了企业内部组织活动的发展，比如设立正式的目标、建立管理体系、设立细分独立的部门、打造需求链，同时创建独特的企业文化。值得注意的是，组织架构只有在公司达到一定规模的时候才比较重要，很多小公司基本上看不出任何的组织结构。

管理活动的发展

将所有权和控制权分离自然带来了管理阶层的出现，而商业公司的所有者对公司本身的控制能力有限。在一家现代企业当中，每一股股票都对应董事会成员选举的一票，当然在比较特殊的情况下，部分股票没有投票权。企业每年会召开一次全体股东大会，会上会选出董事会成员，做出和分红有关的决策——是否分红以及分多少，对任何组织形式的改变进行表决，同时委任专业的会计对公司账目进行审计。

董事会对公司决策具有最终决定权，代表股东制订公司策略并进行分红。董事会成员一般有两类，一类本身是公司的员工，是参与公司日常经营的经理人，这一类型中最重要的就是公司的首席执行官（CEO）；还有一类是非执行董事，是以公司外部的银行家或者供应商的身份担任的董事，代表股东的利益。董事会会选择并招募高级经理人协助公司的日常管理。

公司内部有各种各样的委员会，成员主要是高级管理层人员，他们负责公司各类活动的开展。通常，由高管组成的委员会会做出与公司的全球策略、政府关系以及外部经济环境相关的决策。公司的全球战略可以进一步细分成公司的使命、公司的目标以及公司的策略。使命也是总体策略，是公司的愿景和终极目标。这一使命通常会以宗旨声明的方式加以总结。比如对于一个娱乐城来说，它的使命可能就是成为某一地区最好的娱乐服务提供商。公司的目标则是在特定时间内希望达成的事情，比如说，在5年内拿到20%的市场份额。策略则是为了实现这些目标的方式方法。企业的高管会决定采取什么样的行动以及相应地需要怎样分配资源来实现。

高级管理层还需要对企业文化加以界定。具体的企业文化既取决于组织架构的形式，比如是讲究等级关系还是追求平等，是中心化管理还是更加扁平的管理；也取决于企业究竟是以人为核心还是

以任务为核心。高级管理层也需要对公司的组织结构负责，而组织结构又会因为技术（新型的通信手段让跨国公司也可以变得更加中心化）、公司规模、策略、环境、内部文化和适应市场的需求而有所差异。一个大体上的规律是，美国的公司会更重视财务和市场相关的职能，而德国公司则更关注生产活动。

股东通过其任命的董事们来运营公司。员工向经理汇报，而经理则对董事会负责。

目前主要的企业组织形式有六种，但除这六种外还有很多其他的类型，新的类型也在不断出现。主要的企业组织形式分别是以下几种。

功能性结构是最常见的。这种结构下，员工从事的细分工作之间都有联系，并共处在一个单一的管理体系之下。这类的功能性分类通常按照财务、营销、生产和人事等功能划分。

大型企业和跨国企业通常采用部门结构。

每一个部门都自成体系，可以产生利润，但又受到总部的统一管理。部门可以按照地域划分，比如银行的分行；也可以根据产品划分，比如福特公司针对不同的汽车类型设有不同部门。

控股公司通常由各个独立公司的 CEO 组成的协调小组对各公司加以管理。

项目团队通常是大型企业结构下组建起来专门完成特定目标或任务的技术小组。

矩阵体系最早流行于 20 世纪 70 年代。这是一种包括部门制、功能制和项目制的复杂组合。这一体系最早是美国国家航空航天局（NASA）开创的。

网络体系是在近年科技和通讯体系发展之后，尤其是在个人电脑和互联网的普及后，逐渐兴起的。因为这些技术的发展，使得越来越多的人即便在家也可以高效地和同事交流、交接工作、接受管理。

中级管理层

在上面提到的这些机构中，高管下面都还有进一步的分类（部门或项目）通过管理链路与最高层相连接。这些分类的负责人是高级管理层下更加细分层次上的经理人。他们就是公司的中级管理层，将公司的高管与一线管理层相连接。他们负责协调和传达高管的政策。

在传达公司政策的时候，中级管理层通常会用到另一个层级的管理者——主管。主管又被叫作团队负责人，他们负责保证任务的完成。他们会监督工作的排期、设备的维护，以及日常例行的工作。通常主管们在更加细分的专业领域上比他的上级和下属都要更加精进。这样一种三层的管理结构又被称为管理金字塔。在组织结构中，管理层之下是非管理层的员工，主要由行政职能人员和生产职能人员两大块组成。

当一个企业的所有权和控制权不分离时，也就是独资经营者、合伙企业和小型有限责任公司的情况，企业的所有者既当经理人又当企业家。而在这两者分离时，也就是大型企业的情况，经理人和

保证设备和员工的效率是生产主管的职责所在。他们也需要将问题汇报给公司的管理者。

现代企业中的关键角色

· **股东**：拥有公司的权益或股份；投票选出董事会成员，并从公司的利润中收取分红。

· **首席执行官**：企业中最高级的职位，总揽企业的内部运营和外部机遇；需要有足够的经验和成功经历，同时具备相当的专业知识；需要是果断、善于沟通且自信的人；在公司的文化、结构和发展方向上发挥主要的领导作用。

· **总裁、副总裁**：向首席执行官汇报，通常对某一特定业务领域的成功营运负责；必须在某一特定领域，比如市场营销、财务、生产、研发或人事等，具有与技术相关的专业知识和技能。

· **经理**：包括初级、中级和高级经理职位；必须保证其负责的领域高效、成功地运转；关注某一职能的日常工作。

· **主管**：管理层最低的一级，对一个具体团队负责；保证任务最终完成。

· **从业者**：一线员工或工人；是实际将分配到的任务完成的人。

现代企业的重要部门

· **人力资源（HR）或人事**：任务包括确定岗位和岗位要求、招聘、拟定并签署就业合同、制定规章程序、负责员工培训以及养老金、退休金的管理。该部门同时需要保证招聘活动符合法律要求，尤其是在机会平等、人身健康和安全方面。

· **运营或生产**：通过对体系、人力和机器设备的组织来生产商品或服务。具体包括工厂布局、机器的维护和采购、工作排期、质量管理和运输。

· **财务**：专门负责会计和账目的登记、对内对外的财报撰写以及预算的编制。这一部门的工作是对企业的现状做出准确和快速的评估，这对于企业的未来规划至关重要。这一部门也需要保证企业的业务符合法律要求。

· **销售和市场**：在商品或服务的策划、定价、经销和推广上发挥重要作用。具体的推广策略包括广告、个人推销、促销活动和公共宣传等。这一部门在为企业营造积极形象方面也发挥了一定的公共关系（PR）职能。

· **研发（R&D）**：高度专业化的部门，对技术行业至关重要。负责新产品的研发或现有产品的改良，因此非常重要。

其他的员工构成了公司的全体雇员：他们没有公司的所有权，但是他们的薪水由公司给付。

有些员工享受终身聘用，按月领取工资；有些员工则是临时或是短期聘用，按周或按天领取工资。通常来说，全职的终身聘用员工享受的权利最多，相应的组织结构也最完善。

雇主要求其雇员遵照合同的规定工作。合同通常会要求员工准时上班，并全心全力地按照和雇主谈定的小时数完成工作。对员工的其他要求还包括：通情达理，认真负责，服从上级，以真诚、可信赖和诚实的态度完成工作。相应地，员工有权按时足额获得协商一致的法定薪资，在符合健康和安全规定的工作环境中工作，以及获得雇主依照合同规定履约的保障。

工会

员工可能会按照产业、行业或领域的不同组成联盟。美国最大的工会组织是1903年建立的全国卡车司机工会（Teamsters Union），其代表的是卡车司机以及比如航空制造业等相关行业的工人的利益。工会可能会有很多目标，但最主要的还是为员工的利益提出建议，保护他们的利益，同时代表他们与管理层谈判以扩大员工们的权益。

工会通常会追求工资和薪水的提高，工作时长的减少以及工作条件的改善。为了实现这些目标开展的谈判被叫作"集体谈判"。工会的另一项重要职责是保护其成员的权利免受侵犯。最常见的权利受到侵犯的情况就是合同违约或不公平解雇。工会的原则一直是通过组织工人团结一致，从而获得比个人单打独斗能获得的更大的话语权和更好的条件。

在与雇主产生冲突的时候，工会可以通过按章工作[①]、罢工或联合抵制等手段，迫使雇主改变一些做法。有鉴于此，也为了与工会合作、提高企业效率，很多公司不仅承认工会的合法性，还会积极邀请工会人员参与员工工资和合同的谈判过程。许多政府也为一些难以解决的纠纷提供了仲裁和司法途径。工会和不同层级的雇员、不同的部门和部门之间都在现代企业的运作中扮演着重要的角色。

---

① 为表示抗议而拒绝做超出合同规定的工作。——译者注

商业运作的方式

为所有者或者股东盈利几乎是所有企业的根本目标。这一章让我们深入了解一下，为了实现这一目标，最常用的策略有哪些。

我们对各类商业机构都非常熟悉，同时我们每天也在直接或间接地和它们打交道。比如说，我们在商店或超市购物时，就在直接和相关的商家打交道，也同时间接地和所有在生产你所购买的商品中做出贡献的公司打交道。你开灯或者打开电视的时候也在和公司产生联系。

公司如何做决策

上一章中我们回顾了商业机构、公司类型和管理架构的发展历史，以及人们在现代商业世界中会找到哪些过去的影子。现在我们来看一下这些商业机构如何做出决策。这些决策主要关于生产什么、在哪里生产、生产多少商品或提供多少服务以及定价多少。他们在做决

"商业机构"一词指代的范围非常广，大到跨国企业，小到一家熟食店，都属于商业机构。

策时未必会用到单纯的经济学理论——比如说他们可能不会去看生产函数，也不会去关注边际成本和边际收益曲线。不过经济理论可以用来预测和解释绝大部分的商业决策，以及在不同的市场条件下这些决策会有怎样的表现。因此，在了解商业机构如何运作之前，有必要先了解一下这些推动现代企业发展的决策背后的经济理论。

公司和市场

公司本质上是拥有所有权和控制权的一些商业机构。公司拥有设备，并在通常情况下对生产活动开展的场所拥有所有权；公司也拥有部分或所有原材料并对这些原材料的使用有控制权。公司可以有很多不同的类型。商店和加油站都是生产单位，而世界著名的跨国公司也同属此类，比如福特汽车公司、通用汽车公司等，它们在许多国家开展运营，以期触达更多的市场，同时将成本最小化。

所有的商业机构都至少在一个市场中运营。很多人认为市场是买方和卖方见面进行交易的地方，就比如一场汽车拍卖会。这种观点不算错误，但现实生活中，"市场"一词的含义要宽泛得多，有些市场并不是为了买方和卖方见面设立的。经济学理论中的市场指的是任何将商品或服务的买卖双方联系起来的方式。

按照这一定义，汽车拍卖会是一个市场，当地的超市是一个市场，纽约、芝加哥、费城等地的商品市场以及纽约的证券交易所也都是。还有很多市场看上去没那么明显，比如当地的报纸属于房地产市场的一部分，因为报纸上刊载了售卖房屋和经营场所的广告，因此也是将同一类资本货物的买卖双方联系在一起的一种方式。还有，比如互联网因为其信息传播功能，也属于市场，因为它能把世界上几乎所有商品的买家和卖家汇集在一起。

公司治理

公司治理指的是公司为了实现股东、管理层、员工、消费者、供应商和经销商等的利益而采用的运作方式。美国的大型企业大都属于股份制企业,图3阐释了这类组织的本质。

股东作为公司的所有者,会在每年的年度大会上任命代表他们的董事会成员和审计员。董事会成员负责管理公司,必要时会任命管理层代行职责。正因为股东对公司投资,却通过经理人进行运营,公司治理就变得非常重要。

这样把所有权和管理权分开就会产生典型的"委托－代理"问题,也就是当双方的目的不一致时会产生的一种困境。具体到公司的情况,通常会认为代理一方(公司的高管和经理们)会追求自身的利益(工资、收入等),从而牺牲委托方(股东)的利益,而后者是希望获得更高利润的。毫无疑问的是,委托方对于公司经营的了解肯定不如代理方,这也是他们为什么要任命代理人的原因。

这样一来,委托方如何对代理方加以管控呢? 在美国和英国等国家,存在着一种基于市场的公司管理体系。公司业绩差会导致股东的收益低于预期,这就可能刺激股东抛售自己的股份,从而导致公司股价下跌。这种情况的出现表明股东对董事会成员的表现不满意,而且如果之后业绩依然没有改善,很可能会导致公司被收购。收购指的是一家公司购买的另一家公司具有投票权的股票份额达到了51%及以上。而一旦公司被收购,这家公司的许多高管就会丢掉他们的工作。这种可能性的存在则会刺激管理层们尽力保证公司的良好运转。

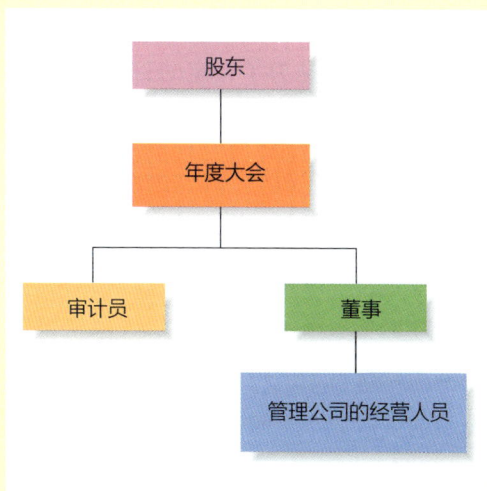

图3　公司的典型结构

利润——根本目标

所有公司都是为了特定的目标而建立的。尽管这些目标可能各不相同，但对于所有私营公司——也就是不是由政府经营的公司，它们的目标一定包含赢利。换言之，收益一定要多于成本。利润最简单的定义就是销售收入减去所有会计成本后结余的成额。会计成本就是公司在购买原材料、招聘人员和开展其他活动时所花费的生产成本。而销售收入则是公司通过售卖产品获得的收入。简言之就是：

利润＝销售收入－会计成本

公司若要持续经营，大部分年份都应该是有盈利的，偶尔可以出现亏损。不过现在我们

图中这家即加即走的加油站，属于大型跨国石油生产商的零售店。

还是先关注公司希望实现的利润。

大部分人对于除慈善机构外的所有公司都有这样的传统观念，那就是它们会花尽可能少的钱，在最短的时间里赚尽可能多的钱，也就是说，它们的目标是实现利润最大化。而要实现这一点，就意味着销售收入减去会计成本的部分要越大越好。这也可以理解，因为利润肯定是越多越好。这种观点听上去简单直接且合理，但在现实生活中，利润的最大化并不总是公司的主要目标。有时候，比如说，公司会选择将销售收入最大化，又或者是追求更大的市场份额。

一次股东会议。股东通过对公司投资，以期在公司盈利的时候分得收益。

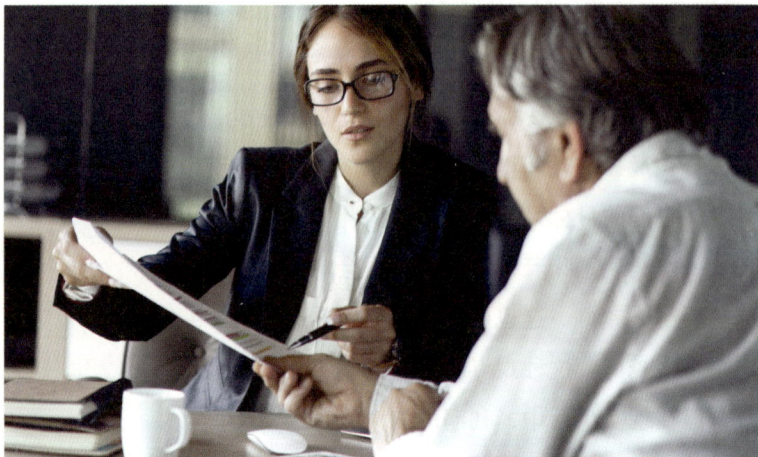

销售收入最大化

　　相比利润最大化，有些公司在特定情况下愿意接受相对较低的利润，但要实现销售收入最大化。是否会追求这一目标一定程度上由公司本身的性质决定。相较于大型企业，独资企业更可能追求利润最大化，因为企业的利润直接等于独资企业家个人的收入。大型企业则是由领取工资的经理人而非所有者（股东）经营，而这些经理人的薪资是和企业的收入（扣除成本之前的总收入）而非利润挂钩的，这一点很显然会影响到他们管理企业的方式。对于管理层来说，他们还有一个追求销售收入而非利润的理由：销售收入可以用于为新项目融资，而利润则要分给股东。

高效的会计工作和簿记对于了解公司业务并加以掌控至关重要。

为什么出现亏损时公司不总是会倒闭

当公司出现了亏损，且公司认为这只是短期的困难时，往往会选择将这笔亏损注销，也就是从账本上销去这笔亏损。而有的时候，立刻关门大吉可能是更符合公司自身利益的。这是为什么呢？

从短期看，公司哪怕毫无产出，也要付出固定的生产成本，比如抵押贷款的偿付和保险费等。这就意味着，如果公司的收入能够抵掉可变成本，那短期内继续经营至少不会比倒闭损失更多；如果收入大于可变成本，那继续经营亏损就会减少；而如果是收入小于可变成本，那选择立刻破产的损失会是最小的。

值得注意的是，尽管一家公司短期内能够承受相当于其固定成本的最大亏损，但这是不可持续的。如果它的产品价格不提高，或者成本不降低的话，公司就无法长期赢利，依然会被迫退出市场。

这里有关于亏损的讨论适用于各种规模的私营公司。

市场份额最大化

企业追求的目标的另一种可能性是追求更大的市场份额，因为在一定程度上，公司规模越大就越安全。每年都有成百上千家小公司倒闭，但大企业通常能够挺过不景气的经济发展期。此外，企业规模更大就可以谈下更低的价格，大批购入原材料，从而相对小公司生产成本会更低。不过，公司追求市场份额背后最大的原因可能还是因为管理层的薪资是和公司规模而非利润挂钩的。管理层这么做可能看上去完全是为了自己——也有少数例子中的确如此，但公司规模越大，规模经济的效应越明显，长期的收益也就越大。从这个角度看，这么做也是合理的。而能成长到这种程度的公司则会被认为已经达到了"临界规模"。

非最大化的目标

另一种研究企业行为的方法强调了团体间的动态影响力。这指的是，公司是由不同的团体组成的：经理人、股东、员工等，每个团体都有各自的目标，而公司最终采纳哪一个目标则取决于哪一个团体的影响力最大。这也意味着，当团体间的影响能力发生变化的时候，公司的目标也会随之改变。这种做法有时也叫作"会计主导"或"市场主导"。

相对满意原则

行为学分析认为，在实际操作过程中，经理人虽然清楚公司的利润、销售额和市场份额目前的水平是怎样的，但他们却并不能准确判断它们各自最大能达到什么水平。因此，相比于追求一个最大化的目标，他们反而会选择最低可实现的目标；而选择这么做的公司则会被认为是在追求相对满意的结果而非最优解。不过这并不意味着只是去追求较低的目标，因为在达到不同层次的目标之后，公司的业绩目标也可以相应上调。

如果公司采取的是相对满意原则，自然也就不知道怎样的目标是最好的。公司内部不同团体的目标有时会互相冲突：比如工人希望自己的工资更高，这时如果股东追求的是高利润，工人与股东利益的冲突就出现了。要解决这一冲突，只能通过一方获得对另一方的主导权来实现（图4）。

生产

不管一家公司的目标是什么，公司一定会通过各种产出——不管是商品还是服务，来实现目标。生产的定义是将投入（自然资源、原材料、劳动力、机器等）转变为产出的过程。产出也可以指代一定时间内产出的数量。因此，一家汽车公司可能会设立一年生产200

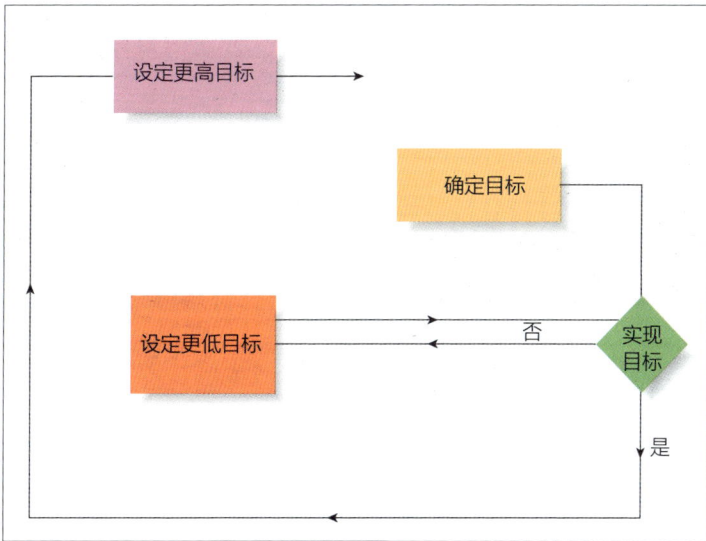

图 4　基于相对满意原则的目标设定

万台汽车的目标。而生产率则是衡量获得产出的效率的，比如说，最开始 10 名工人每小时能生产 100 单位的产出，通过采取一些方式，这些工人的产量提高到了每小时生产 110 单位的产出，那从经济学的角度讲，生产率就提高了 10%。

生产使用的资源

各类商业生产都需要一种或多种资源的投入。经济学家通常将这些资源分成四类：土地、劳动、资本和企业家。

土地指的是可以用于生产的一切自然资源。因此，这一术语除了指代常规意义上的"土地"，还包括"土地"中包含的矿藏、海洋、海洋中的物质等。根据这一定义，鱼也算作土地的一类。

劳动指的是人力投入，包括体力和脑力的投入。大部分人的收

在普通人眼里，这些是木材；但在经济学家眼里，这些被叫作"土地"，因为木材也属于地球上自然资源的一种。

采矿是经济财富的主要来源之一。这一过程带来的产品来自地球，因此也属于"土地"这类资源的一种。

入水平取决于他们出卖自身劳动的能力，而收入的差距则反映出了各自的技能差异。在经济学中，劳动力掌握的技能属于资本的一部分。教育和培训作为劳动力获得技能的方式，也就成为对人力资本的一种投资。这种投资非常重要，因为一个国家的劳动力技能水平越高，该国的整体生产率就越高，而这在大部分情况下也就意味着国家整体会更加繁荣。

　　资本被定义为任何用来支持生产过程的资产。商业活动中经常会有两大类资本：流动资本和固定资本。流动资本指的是生产过程中消耗掉的资本，这部分资本的形式在这一过程中发生了改变。原材料、半成品和库存都属于流动资本如图5所示。

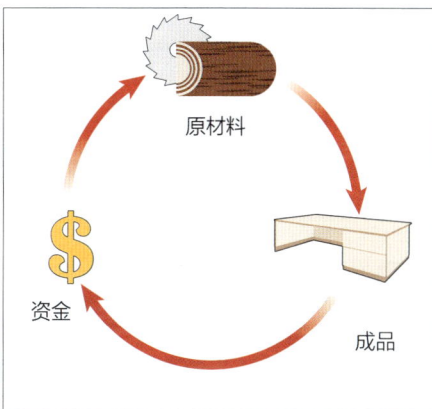

图5　流动资本

固定资本则包括房屋、土地、机器设备和工具等。这类资本在生产过程中不会发生改变。

　　而企业家可能是各类资源中最容易识别却又最难定义的一类。广义的企业家指的是把握市场机遇，汇集并利用各类生产要素的经济主体。经济学家认为企业家就是冒险家，因为他们自身的收入多少取决于公司的成败。如果公司赢利了，企业家就能赚到钱；反之，公司亏损的时候企业家也会遭受损失。因此企业家的任务就是发现可能带来利润的方案并将之付诸实践：如果没有企业家，生产活动的规模会非常有限，这一点是毋庸置疑的。

工厂选址

对于任何公司来说，公司位置都是非常重要的。许多因素都会影响选址，比如公司的某位大人物对某座城市的偏爱。不过成功的选址往往不是因为什么突发奇想就确定的，经济方面的考量才是最重要的。

交通成本

为了让利润最大化，工厂都希望尽可能地压低成本。因此像洗衣机、冰箱和汽车等（相对其价值，体积和质量都很大的商品）耐用消费品的制造商都倾向于将工厂建在大城市，从而降低运输成本，因为在人口密集的大城市利用成熟的交通网络运输，交通成本通常比在偏远地区低。

洗衣机这类商品在有大量人口的城市生产、装配，因为城市的交通运输便捷且廉价。

而对于煤矿开采和钢铁冶炼这样的重工业，工厂选址则会更加靠近原材料开采地，否则运输原材料的成本就可能让利润所剩无几。但钻石不同，它的价值高又不重，可以以很低的成本，轻松地转运到世界各地。

有些公司则会选择靠近或至少是能轻松到达其目标市场的地方作为厂址。一家大商场如果有信心让消费者驱车前往，就可能会开在城郊的地方；而报刊亭或者理发店则往往会开在接近其目标客户的位置。

尽管有以上的这些考量，交通运输的重要性从20世纪下半叶开始还是显著降低了，因为运输手段（卡车、轮船和飞机），大体积商品的运输技术（叉车、集装箱）以及交通网络本身（高速公路和货运枢纽的普及）都有了显著的改善。同时，行业布局也在发生改变。重型货物的重要性在下降，而像计算机这样的新兴产业生产的产品运输成本已经不再那么重要。

20世纪下半叶集装箱货船运力的提升极大地改善了全球货物运输的情况。

劳动力成本和供给

劳动力成本和供给情况也是公司选址的重

51

要考量因素。美国南部的劳动力成本比北部要低，但从全球来看，发展中国家的劳动力成本要更低。美国很多公司现在都把工厂建在海外，这背后虽有各种可能的原因，但低廉的劳动力是其中最重要的一个因素。

后天优势

不管公司出于什么原因选择了现在的地理位置，它都逐渐获得了额外的优势，这一优势不仅帮助它继续在这个地方经营，还不断吸引别的公司来到这里。这种后天获得的优势被称为外部规模经济效应。这种效应的出现有很多原因，其中一个重要的因素是当地发展出了配套产业，即完全或者主要是给某一行业提供服务或供给的行业。在制造行业的附近往往会有公司专门提供特定的机器设备、零配件和包装等。当地也会存在或者专门新建院校，教授该行业所需的相关技能。这种外部经济效应可以给这一地区从事这一行业的公司带来成本优势。

制订商业计划

在正式营业之前，每家公司都应该制订详尽的商业计划。商业计划对于公司未来的发展至关重要。计划中应该详尽地写明公司要生产什么，如何把投入转化为产出，以及如何产生利润。以下是一份商业计划中应该详细解答的几个问题。

每一家公司都要生产产品，生产什么可能是成立一家公司之初最早要做出的决定。同时公司的所有者或多位所有者（这是有区别的）以及经理人各自的分工也需明确。这点看上去显而易见，但还是有很多公司经营失败了，他们失败并不是因为他们没有任何潜力，而是因为没有清楚和准确地理解公司所有者的角色和责任所在。商业计划除了给公司内不同群体分配各自的职责，还需要决定生产的组织方式。比如说，使用怎样的技术以及制造产品使用的各种资源，它们之间的比例应是多少？

商业计划中还必须明确公司产品的目标市场是什么，这一点是不能含混不清的。比如，不能简单地创立一家制造衣物的公司，然后觉得只要开始经营，客户就会自动出现。

在确定了目标市场之后，计划书中需要详细说明公司计划通过哪些方法吸引到潜在消费者。对于一家公司来说，最困难的可能就是让消费者相信自家的产品比别人家的好，从而愿意购买。而要实现这一点，就必须要提前规划好广告和市场营销方案，以及各自需要的经费情况。此外，还要确定好分销渠道：邮购、当地超市、卡车公司，以及与这些分销渠道联系的方式。

商业计划还需要阐明公司的融资渠道和成本。具体融资的数额取决于预期的产量。最后，一份优质的商业计划应该能够说服银行或其他潜在借贷方给公司投入需要的启动资金，而这就需要这份计划是完整和清晰的。

职责分工

绝大部分公司，哪怕是只有两三个员工的小公司，也能从分工中获益。公司需要清楚通过这种专业分工的过程能获得多大的益处，以及怎么做才能获得这些益处。分工就是把生产过程拆解成一系列细分的任务，这一点只要随意去一家现代工厂中参观就一目了然了。当然，分工并不局限于制造业。比如律师事务所里也会有类似的分工，不同的律师专精的法律分支是有区别的。

本和杰利的商业计划

不是每一份正式的商业计划都会涵盖到本书中提到的那些要点。本·科恩 (Ben Cohen) 和杰利·格林菲尔德 (Jerry Greenfield) 两人的合作非常成功，但他们采用的方式却与众不同。在决定开办冰激凌公司之前，两人仅仅完成了宾夕法尼亚州立大学 5 美元学费的函授课程。

当本和杰利开始做冰激凌的时候，他们几乎没有什么资金，他们唯一的资产只是一辆老爷车。但他们不为所惧，靠着从家人、朋友那里借来的 12000 美元，他们将佛蒙特州伯灵顿的一家加油站改造一番后，开始了他们的事业。他们的目标很简单，就是要做出最好的冰激凌。刚开始他们只在店里做生意，但很快他们就给当地的商店和饭店供货

冰激凌制造商本·科恩和杰利·格林菲尔德正在品尝自己的产品。他们的商业规划取得了成功，但很难应用在别人身上。

了。现在世界各地，甚至在俄罗斯的莫斯科，都有本杰利冰激凌店。

就像两人与众不同的发家之路一样，他们公司的宗旨也非常与众不同：回馈社会。他们会将公司税前收入的 7.5% 捐献给非营利组织和服务于社会进步的个人。他们的工资结构也很特别：公司员工的最高工资不能超过最低工资的 5 倍。

本和杰利本身是很成功的，他们不走寻常路，但很有天赋。不过他们这种非传统的经商之道是不能作为典范加以推荐的。对大多数人来说，还是要有全面的商业规划才更容易取得成功。

　　分工在制造业尤其常见，这是因为这么做能极大地提高效率。汽车最开始是技艺高超的匠人独自手工制作的，因此只是一小部分富人的专属。亨利·福特（Henry Ford）首先在密歇根州底特律的 T 型车生产线上运用了分工的技术，这才让很多普通美国人也买得起汽车。从这个例子中就可以看出，分工会带来标准化并降低成本。福特有这样一句名言："你可以随意选择 T 型车的颜色，只要它是黑色就行。"这句话表明了在他早期的汽车生产中，标准化程度之高：为了让更多消费者能买得起，牺牲了选择的多样性。

汽车生产线。得益于大规模生产技术的发展，越来越多的商品现在有更多的人能买得起了。

成本更低，选择更多

有时候会有人认为标准化消灭了个性的表达，但这种观点很难经得起仔细推敲。举一个简单的例子，你在校园里会经常和别人撞衫或和别人吃同一品牌的冰激凌吗？可能并没有那么频繁吧。同样地，在购物时，也很少会出现想找一些不一样的东西却找不到的情况。当你下次注意到人们现在享有的多样选择时，不妨想一想当年的那款 T 型车。在标准化之前，很少有人拥有汽车。标准化让很多商品的价格降低到人们承受得起的水平，这实际上增加了我们可以选择的商品的种类。

不过为什么商品的标准化生产会带来价格的下降呢？因为这一过程让公司可以大批采购原材料，并更高效地利用机器设备，从而降低了生产过程中的成本。

劳动力的流动性

流动性指的是生产环节中诸如劳动和资本等资源在不同任务、地理位置或职业之间转换的容易程度。公司在招聘拥有特定技能工人的时候需要着重考虑劳动力的流动性，因为有可能需要到远离公司的地方招募。

美国劳动力流动性最大的影响因素就是工资和福利。比如，生活在罗得岛州普罗维登斯（Providence）的一位半熟练工就不太可能为了小幅的涨薪就去芝加哥工作。同样地，一位汽车技工也不太会在没有把握获得更好待遇的情况下就跳槽。

如果一个行业，乃至于一个国家，需要在产品的需求出现变化时（比如汇率下跌或者技术发展等原因）做出回应，那么有流动性的劳动力会非常重要。

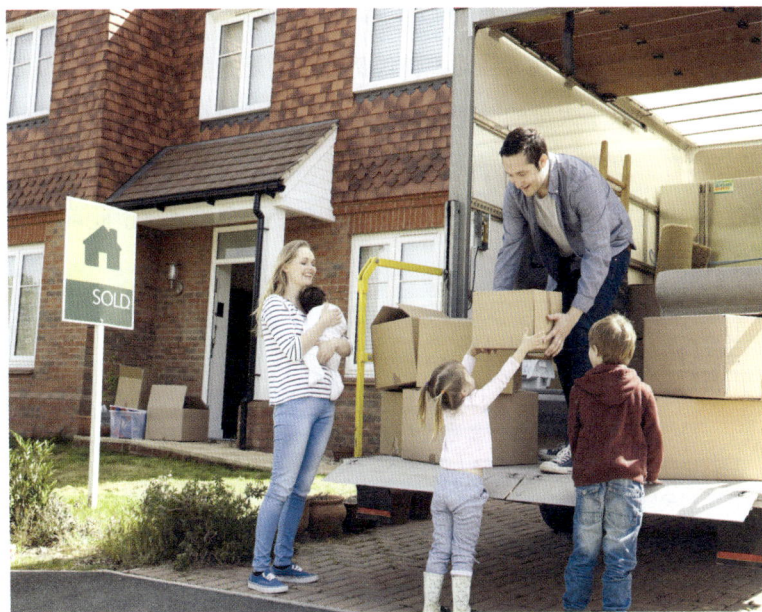

虽说企业的发展往往希望劳动力流动性较高，但流动性太高可能也不是好事。当劳动者到新的地方工作时，他原来工作的地方的社会资本（学校、医院和道路等）的压力是减小了，但这些社会资本对新的地方的压力则是增大了。而且这么做还可能会对整体经济造成资源浪费，因为有些地方的社会资本没有得到充分利用，而另一些地方又使用过度了。

同时，因为年轻人是流动的主力军，这也就意味着经济下行的地区会面临人口的老龄化问题，这些地区也因此对新公司的吸引力越来越小，而经济萧条的可能性就会增加。出现经

有时候人们会成为经济移民，即通过搬迁到新的地方来获得一份更好的工作。

济萧条的地区失业率高涨，而人均收入则很低。

　　劳动力的流动性太强对整体经济也未必是好事。公司在培训劳动者方面投入了大量的时间和金钱，也自然希望有所回报。但是如果劳动者一直去追求更好的机会，就意味着公司的人员变动非常频繁，这也可能会让公司不愿在人力资本上做太多投入，由此可能会导致技能短缺。

美国人的流动性

　　每年都有差不多10％的美国工人会换工作。这其中大部分都是年轻人，而且这也在意料之中，因为年轻人通常都会频繁换工作，希望能找到自己喜欢的且前景美好的职业。年轻人因为还没有积攒什么经验或技能，改换工作的成本也就相对较低。所以他们转变职业方向比较容易，雇主也更容易放他们离开。

　　而年纪稍长的工人则不同，不管是自己还是雇主都在原岗位上投入了时间和金钱，以获取经验和技能。他们换工作时因为缺乏新的专业知识，可能要从低一点的职位开始干。不过，尽管有这样的不利因素，每年35~45岁年龄段的劳动力中仍有8％的人会选择换工作。只有那些非常接近退休年龄的人流动性较低。对他们来说，为接受新的训练花费时间、努力和金钱并不值得，而且他们本身在这个阶段也没有太多的机会了。

　　从地理的角度来讲，美国人的流动性非常强。平均8％左右5岁以上的美国人每年至少搬家一次。具体的流动程度因地区而异，最近几十年中则出现了明显的从"锈带"（RustBelt）向"阳光地带"（Sunbelt）迁移的趋势。"锈带"指的是美国北部衰败或萧条的工业区；"阳光地带"指的是美国南部和西南部地区，那里全年大部分时间气候温暖。这主要是因为美国东北和中西部地区重工业（汽车、钢铁和煤矿行业）在衰落，而南部和西南部服务业和轻工业（尤其是个人电脑领域）在快速扩张。

　　劳动力的流动性容易随着时间的变化而提高。当年轻人刚从高中或大学毕业时，当时的工作机会限制了他们的职业选择。走下坡路的行业会减少招聘规模，而在上升期的行业则会增加就业岗位，提供更多的职业机会。

在美国，锈带地区如炼钢等行业的衰败，已经被阳光地带如电脑制造等行业的发展所抵消。

投入的改变与生产率

如果一家公司取得了成功，就会有越来越多的人希望购买这家公司生产或提供的产品或服务。这时这家公司的管理层需要好好思考如何应对需求的增长。

当某一种产品的需求上涨时，公司势必要提高该产品的产量，这也就意味着需要投入更

纺织工人正在熨制褶线。让更多的人专门分工从事生产环节中的几个部分通常比一个人完成所有流程获利更高。

多的资源（劳动者和设备）。如果可以做到这些，产量可以在很短的时间里，比如一个月甚至一周内，就有大幅提高。但是如果公司本来就已经是满负荷运转了，短期内实现产量的提升是很难的。这样的话，公司就需要建更大的工厂，或者购入其他的固定资产，而这可能要花费数月来搭建或安装。以上这两种情况在经济学中分别叫作"短期"和"长期"。

经济学家并非根据时间长短来区分这两者，而是依据改变不同资源投入所需要的时间来区分。生产要素可以分为可变的和固定的。可变要素，顾名思义，指的是数量可以轻易、快速发生改变的生产要素，非熟练的劳动力、原材料和机器运转需要的能源都属于这一类要素。而固定要素则是更耐用、更持久且需要更长时间获取和安装的要素，比如熟练的劳动力、工厂厂房等。

短期内，公司可以通过改变可变要素的投入以及更密集地使用固定要素来提高产量。如果某件商品的需求上升了，一个可能的应对方法就是加班，那公司就需要投入更多能源和原材料。但这种方法能提高的产量是受到限制的，比如公司拥有多少台机器设备，或者工厂有多少空间来安装新的机器设备。而在长期，各种类型生产要素的投入量就都可能改变了。

要给短期和长期定一个具体的时间段是不可能的，因为不同行业内改变生产要素投入所需要的时间是不一样的。对于某些行业，尤其是高度依赖非熟练劳动力的行业，"长期"对于它们可能最多是几个月的时间；而在其他的行业，比如炼钢或石油精炼行业，"短期"都可能是几年时间，因为它们需要规划新的厂址，获得审批，建造厂房，并投入运营。

平均产量和边际产量

公司在扩大产量的时候需要决定加大哪些资源的投入：是增加原材料，聘用更多劳动力，还是购买新的设备，购买多少台，又或者是新建工厂，等等。

一项有关生产的研究揭示了投入和产出的关系。生产函数告诉我们，产量取决于资本和劳动力的投入。但这并不是全部，因为当公司在短期内改变投入的时候，产出不太会成比例增长。比如，即使公司将员工数量或者机器数量翻番，产出也未必就能翻番。

要分析投入，尤其是劳动力投入的改变对于产出的效果，经济学家首先会对平均产量和边际产量加以区别。平均产量是简单地用总产出除以劳动力的数量，这也就是平均每个劳动力的产量。边际产量的概念则相对复杂，指的是每增加一个劳动力（边际劳动力）整体产出的增加量。下面的表格就是解释这两者的一个简单例子。

边际收益递减规律

边际收益递减律通常可以用如下例子加以说明：

劳动者数量（个）	总产量	平均产量	边际产量
1	5.0	5.0	5.0
2	11.0	5.5	6.0
3	21.0	7.0	10.0
4	36.0	9.0	15.0
5	50.0	10.0	14.0
6	54.0	9.0	4.0

在劳动者数量增长到4以前，边际收益会随人数增长而增长，也就是边际产量——每多招一个劳动力总产量的增加量在上升。但是从4个人开始，边际收益就开始递减了，而生产率（平均产量）则在继续增长。这一规律具有普适性，每一家公司，无论规模大小，都受这一规律的束缚。

此处的表格展示的是，当劳动者数量从1增加到4时，整体产出是大大提高了的。边际产量在此区间是在增加的，也就是说每增加一个劳动力带来的产出都比前一个劳动力的产出更多。我们可以认为公司此时的边际收益是在增加的。但是，当劳动力数量大于4之后，整体产出的增长开始趋缓，也就表明之后增加的劳动力对整体产出的增量是在减少的。这意味着边际产量在下降。这时我们会说公司从招募第5名劳动力开始，边际收益就开始减少了。

劳动力边际产出的差异并不代表劳动者本身的水平差异，它是由于固定要素（如机器设备）和可变要素（如原材料）间比例的变化造成的。在产量本身低下的时候，公司对固定要素的利用是不充分的，这时，随着劳动力的增加，边际产量就会提高。但这种情况不会一直持续下去。当产量逐渐提高，固定要素和可变要素的比例变化到一定程度时，边际产量就会下降。比如，第5个工人开始妨碍到之前4个工人的工作了。这种情况发生时，其实就是边际收益递减律在发挥作用。

规模经济

现在我们已经看到公司在面临产出发生变化的短期内会发生什么，接下来就看一下当公司在长期把所有的生产要素的投入都加以调整后会怎样。

简单来说，当投入增加——更多的机器、更多的资本、更多的原材料、更多的劳动者，产量的增长肯定会超过一倍。比如说，当公司投入两倍人力，操作两倍数量的机器，最后的产出很可能是不止两倍的。这种生产率的增长也被叫作规模经济效益。规模经济即指规模生产带来的好处，因为规模越大，生产每一单位产品或服务的平均成本就会更低。这也是为什么大公司生产的商品价格远低于小公司生产的类似商品的价格。

规模经济的出现有多重原因。大公司之所以可以以更低的利率拿到融资，正是因为相比小公司，它们对于借贷方来说风险更小。同时，因为大公司通常可以大批采购，其生产投入的平均成本也更低。举例来说，用超级油轮跨洋运输一吨原油的平均成本是用几艘小油轮运输的成本的几分之一，因为在这种情况下成本并不是成比例增减的。

一家食品加工厂的员工正在检查产品是否有瑕疵。质量管理是消费品生产环节中重要的一环，也是该行业中不可避免的成本之一。

规模不经济

不过，规模经济也不可能无限增长，一旦达到一个稳定的回报点，该效应就会消失。而当产量达到另一个点时，输入增加一个单位已经不能带来一个单位产出的提升了，这时平均生产成本就可能上升。当规模的增加带来了更高的单位成本时，我们会说公司正在经历规模不经济。

生产成本

生产成本是公司在决定生产多少产品和给产品定价时考量的重要因素。如果公司生产出的产品数量多于它能在某个价格卖出的数量，则其生产成本就会超过销售收入，公司就会遭受亏损；如果亏损持续，公司最终就会破产。

经济学家们研究公司所面临的成本的类型、产量增加时各类成本的变化情况以及影响公司成本和收益改变的因素。经济学家们通过这些研究来理解公司定价的逻辑以及如何确定效率最高的产量水平。

分析一家公司的生产成本通常要先区分固定成本和可变成本。前面我们了解到公司的投入可以分为固定和可变两类，固定成本就是固定资产（比如建筑）带来的，而可变成本则是可变资本（比如原材料）带来的。

固定成本

固定成本很容易识别。固定资产的投入不会随着产量的改变而改变，因此固定成本也不会随产量变化。不过，如果你自己开始经商，你很快就会发现固定成本的另一特点，那就是即便是产量为零，也还是会有固定成本！固定成本包括房屋的租金或按揭还款、保险费用以及设备的折旧（比如机器的价值会随着使用逐年

鸡蛋加工厂里的分级和拣选设备都属于固定资产。

减少）。

对大部分行业来说，折旧都是固定成本中最大的一项。而折旧最令人讨厌的一点是，即便资产没有得到使用，折旧依然发生。这是因为任何设备在下一财年价值都会贬损。

位于罗得岛州普罗维登斯的一家珠宝厂。所有的设备都是正在折旧的资产。

可变成本与边际成本

顾名思义，可变成本，比如购买原材料的花销，是与产量直接挂钩的。公司只有在进行生产时才会产生可变成本：产量越高，产生的可变成本也就越大。这一点与固定成本不同，固定成本是不论是否有生产活动都会产生。

边际成本则是指产量每增加一单位，总成本的增加量。因此当产量提升一单位，可变成本也会随之增加。可变成本虽与产量直接挂钩，却不是成比例变化的，这是因为边际收益有可能发生变化。

边际收益变化带来的整体可变成本的变化也就意味着平均可变成本发生了改变。图6展示了平均产量和边际产量，以及平均可变成本和边际成本之间的关系。

当公司收益递增时，边际产量会上升，边际成本会下降；而当公司收益递减时，边际产量就会减少，边际成本会上升。

平均总成本

平均总成本，通常也会简称为平均成本，可以通过总成本除以总产量的方式计算得出。随着产量提升，平均固定成本会一直下降，而平均可变成本则会在开始时下降，平均总成本曲线也会跟着下降。不过等到平均固定成

厨师是典型的可变成本：当饭店想多招待客人时，就会增加厨师的数量。

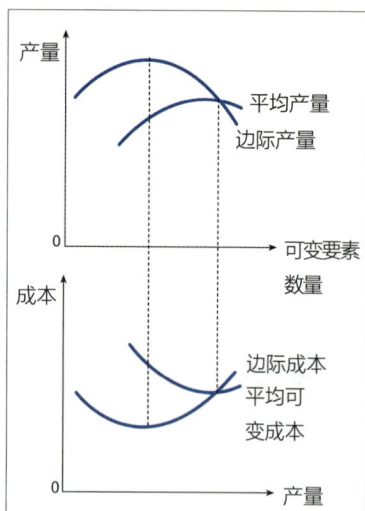

图6　边际和平均产量改变对边际和平均成本的影响

本下降的部分和平均可变成本增加的部分相抵消之后，平均生产总成本就会开始增加，曲线也会随之开始攀升。

关停英国不赢利的煤矿

20世纪40年代，煤炭作为英国当时主要的能源，整个行业被国有化。不过到了20世纪80年代，因为很多国家都对煤炭行业进行补贴，而英国没有，导致当时英国进口的煤炭价格相对更加低廉。而当时执政的保守党在首相撒切尔夫人（Margaret Thatcher，1979—1990年间任职）的带领下，坚决反对公有制。当时，英国宇航、英国铁路、英国钢铁公司，还有汽车制造商捷豹和劳斯莱斯等国有企业都被卖给了私有公司。但对于煤炭行业，英国政府选择了其他的做法：命令行业监管机构，英国国家煤炭委员会（National Coal Board，NCB）的高层，落实一项大规模的关停计划。

作为回应，一向激进的英国全国矿工联合会（National Union of Mineworkers，NUM）组织其成员停止工作，并很快演变成了大规模罢工，其间还不时发生抗议者和警察之间的暴力冲突。英国国家煤炭委员会认为煤矿不赢利是没有意义的，但是时至今日，依然有经济学家认为一个行业过去的情况

整个20世纪80年代，在英国，这类煤矿因为被认为是不赢利的，所以到处被关停。这种做法对于当时执政的保守党来说是有意义的，但这样做是否在经济上有意义却依然充满争议。

和其现在和未来的发展是无关的。按照他们的观点，固定成本是一定会有的，因此没有任何必要去关停煤矿。

这也正是英国全国矿工联合会的立场。他们认为英国国家煤炭委员会在评估一家煤矿时纳入计算的很多成本是不应该放在当下考虑的。尤其是在委员会将许多历史的支出放入现时的成本分析后，两者之间的不满情绪就进一步升级了。这些历史性支出包括过去煤矿经营用于地面沉降的赔偿款，支付给现已退休的工人的养老金以及早期投资的利息等。政府和委员会认为继续保留煤矿是不明智之举，因为他们不愿意再往这类支出里贴钱。

英国的煤矿最终还是被不断关停，工会的反抗也被打压。但是固定成本究竟起到了什么作用，却一直没有被深入地探究过。现在依然有很多经济学家认为，当时的这项政策从经济的角度来讲是不合理的。

公司的收益

此前，我们对销售收益的定义是公司通过售卖商品获得的收入。对于每一种商品，其总销售收益等于其售价乘以销量。所以我们可以用以下这个简单的公式计算出总收益：

$TR=P*Q$

TR（Total Revenue）代表总收益，P（Price）代表商品价格，而Q（Quantity）则代表销量。

出于分析的目的，我们有时会用平均收益 AR（Average Revenue）来替代公式中的商品价格，这样做的原因之一是避免出现数据的不一致。制造商或批发商在售卖同一件商品时，往往会根据客户批发量的不同给予不同程度的折扣，这种情况下就会出现不一致的商品价格。简言之，当公司对同一商品都以相同价格售卖时，平均收益和价格应该是一样的。

边际收益

经济学家所说的边际收益这一概念指的是每多销售一单位商品总收益的增量。当每一单位商品的价格都是10美元时，边际收益就是10美元。不过边际收益和边际成本不太一样，后者永远是正值，前者有时候可能是负值。为了理解这一点，我们不妨假设，当公司按照10美元的单价出售1000单位的商品，而在出售第1001单位的商品时，公司将全部商品的定价调整为9.9美元，那这次降价的举动对总收益带来了怎样的影响呢？最开始的总收益应该是：$\$10 \times 1000 = \$10000$；降价后，总收益就变成了：$\$9.90 \times 1001 = \$9909.90$，减少了90.1美元，因此边际收益也就是 -90.1 美元了。你可能会好奇为什么公司宁愿收益更少也要提升销量，其实之前我们也讨论过，这是由公司的目标决定的。

现实中的定价

如果某件商品不存在需求，或者甚至都没有供给的时候，这时的价格肯定是不能持续的，这一点没有人会质疑。公司对自家商品的价格有决定权，而在确定商品价格时公司也是要遵从一定规则的。可是几乎没有哪家公司会说它们商品的价格是由供需决定的。那究竟是什么决定了商品价格呢？

如前所述，根据收益递减率，公司产量增加时成本也会增加，但是导致成本增加的还有很多其他原因，比如原材料价格上涨或者员工薪资水平提高，都可能导致成本的上涨。供给曲线（图7）假定所有其他的成本都是不变的，但实际上它们是可能因为一些原因上涨的，这时各个产量下总成本都是上升的，而这就会导致像图8中供给曲线从 S_0 上移到 S_1 这样的情况。

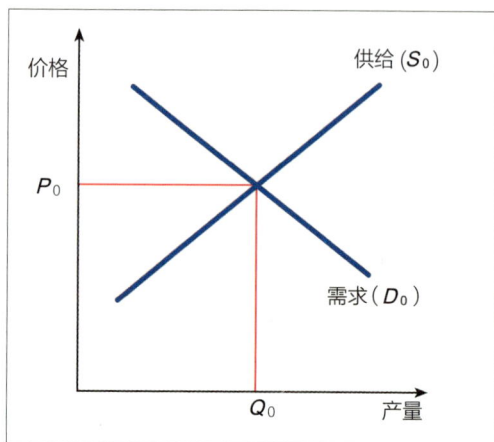

图7 均衡价格和均衡产量

现在让我们尝试将考虑价格增加的定价方式（即单个公司会根据实际成本确定价格）和根据市场整体供需情况的定价机制相调和：公司涨价后，市场供给曲线移动，实现供需之间的平衡。比如图7中 S_0 是公司支付了所有的生产成本但没有利润时存在的供给曲线；当公司将商品单价上调10美元，成本在各种产量情况下都会增加，而供给曲线则会向上移动到 S_1（图8）。这时价格变成了 P_1。在自由市场中，价格最终是由供需决定的，但公司在给自家商品定价时又是根据自身的成本情况进行的。市场出清①中的价格和公司为了追求利润最大化而设定的价格是完全一致的。

---

① 市场出清(Market Clearing)是指商品价格具有充分的灵活性，能使需求和供给迅速达到均衡的市场。在出清的市场上，没有定量配给、资源闲置，也没有超额供给或超额需求。——译者注

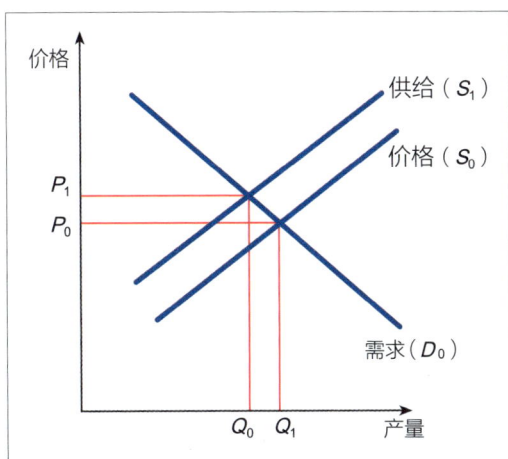

图 8 公司涨价与不涨价时的均衡价格和均衡产量（考虑成本变化的定价模式中的变量）

弹性

对于公司来说，了解其商品价格改变时需求的变化情况是非常重要的。比如对于一家生产早餐麦片的公司来说，如果它知道涨价会让消费者选择竞争对手的产品，那它就不太会选择涨价。公司也需要知道其产品产量对于价格变化的反应情况如何：如果早餐麦片的市场价格上涨，公司能多快提高其产量来抓住这波价格利好。

计算需求的价格弹性系数

需求的价格弹性这一概念衡量的是商品或服务的需求量在价格变化时的反应程度。类似地，供给弹性则是衡量供给量在价格变化时的变动情况。两种弹性都可以通过将相应的指标代入下面的公式中计算得出：

需求（供给）的价格弹性＝（数量变动百分比）／（价格变动百

分比）

比如当商品价格从1美元升至1.1美元，需求量从1000单位减少到了800单位，我们就可以先分别计算出两者的变化比例：

数量变动百分比 $= 100\% \times （800 - 1000）/ 1000 = -20\%$

价格变动百分比 $= 100\% \times （1.1 - 1）/ 1 = 10\%$

将二者代入上式中可得需求的价格弹性系数为 -2。

不过，虽然弹性系数可能取负值，但通常负号会被省略。需求弹性系数大于1时，我们认为需求是弹性的；小于1时则认为需求是缺少弹性的。需求有弹性时，商品价格的变动会让需求量出现超比例的变动。需求的弹性越高，价格变动带来需求量的变动就越大，反之亦然。

预测价格变化的效果

价格弹性在公司调整价格时是非常重要的考量指标。如果需求的价格弹性强，降价会带来总收益的提升；反之则会导致总收益的下降。上面用于计算的例子中的需求是弹性的。在涨价前，总收益是 $\$100 \times 1000 = \$100000$，而涨价后则跌到了 $\$110 \times 800 = \$88000$。

美国有许多相互竞争的法兰克熏肠制造商，如果其中一家涨价，订单就会跑到其他公司手上。

　　如果需求是缺乏弹性的，那无论商品单价如何变动，数量都不会变化，这也就意味着涨价就会带来收益的提升。这类商品的代表就是面包、牛奶一类的主食：涨价带来更高收益，降价则收益减少。不过不管是哪一种情况，商品的销量是不会变化的。

航空公司的歧视性定价

　　在一趟载有400多名乘客的跨大西洋航班上，可能存在着100多种不同的机票价格。价格差异存在的主要原因是航空公司希望利用不同乘客需求弹性的差别来实现收益的最大化。不同乘客对于同一趟航班的投入不同，弹性的需求自然也不同。对于商人或者教授来说，他们可能要立刻去参加一场会议，可选的航班只有一趟了，那他们对于这一趟航班的需求弹性就非常低，也就愿意为此支付很高的票价。而对于旅行者来说，他们的灵活度可能更大，在买到低价的剩余机票之后，可能只想着有个座就可以。

世界顶级的航空公司的地位强势使它可以给同一趟航班的相同座位定不同的价格，而在很多情况下，乘客在起飞时间和乘坐哪家公司的航班上并没有真正的选择权。

财务与会计

所有的公司不论规模大小，都需要详细记录自己的各项财务交易。这不仅仅是为了让公司了解自己的盈亏情况，也是法律规定要做的。

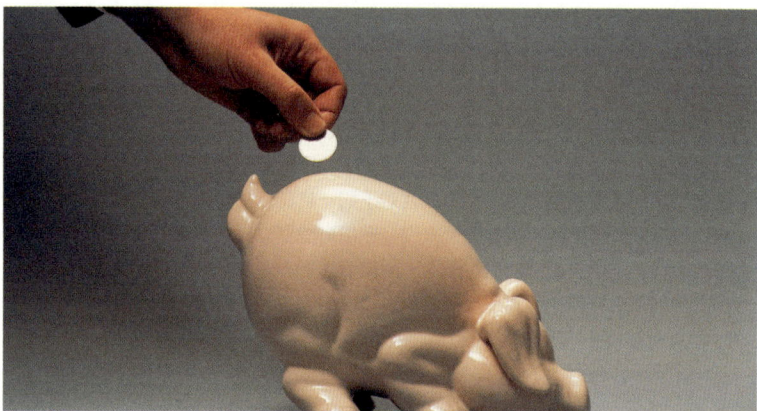

公司财务上的成功对其所有者、董事、雇员和股东很重要，对于潜在投资者来说也是如此。仔细核查公司账目是确定公司业绩情况唯一可靠的方式。但公司账目并不是一目了然的，资产负债表里的各个条目需要花费我们不少功夫才能完全理解。但这些功夫和时间的投入是值得的，这对于商业的成功也是必不可少的。

未雨绸缪是公司长久存在的一项至关重要的能力。缺少投资会阻碍扩张的步伐，而意料之外的支出则可能让公司负债。

资产与负债

大部分人和几乎所有的公司都会有资产和负债。资产可以是你拥有的东西：比如金钱、土地、建筑、物品、商标、专利、品牌名和其他公司的股份等；也可以是别人欠你的东西，也就是应该归你所有但目前在他人手中的东西。后者大部分是以金钱的形式存在，比如他人因为购买你的服务或商品而赊账，并同意在一段时间（信用期间）后归还的欠款。

负债则是你欠别人的或是未来预期要交还的物品或钱财。负债通常涉及以账单形式记录下的债务。

资产负债表

资产负债表是呈现公司业绩表现最基本的表格。表中对公司的资产和负债以及各自在某一时间的具体规模进行简单分列，是对财务情况的简要概括。

例1所列的是一位少年个人的资产负债表，非常简单直接。但制作这份表格的原则是通用的，即便是业务复杂多样的大型公司，它的资产负债表的形式也不会有太大差异，只是因为表中的项目更多所以更复杂了。

例1 一位少年的个人资产负债表

（2000年12月31日）

资产	（美元）
电脑	500
音响	250
衣物	750
珠宝	150
山地车	500
汽车	1000
总资产	3150

负债	（美元）
订阅杂志	10
电话费	75
汽车开销	100
软件升级	75
信用卡	150
自行车部件	100
总负债	510

净值	（美元）
继承	2320
储蓄	320
总计	2640

"净值"是一份基本的资产负债表中非常重要的一部分，指的是一个项目在扣除其他部分后剩余的值。例1列出了这位少年的总资产和总负债，所以他的资产净值就是两者相减的结果，也就是用3150美元减去510美元得2640美元。如果你将资产全部售出（这一行为也叫作"清盘"），并偿还所有债务，那剩下的就是你的净值或称净资产。

例1的最后一部分大致解释了这位少年2640美元身价的由来：他的部分资产可能是别人给予的，也就是他"继承"所得，或是他一开始就拥有的；另一部分则是他将全部或部分收入存起来获得的。这个语境中，"储蓄"包括任何可以通过变卖或其他方式转成现金的资产。个人在吃、喝、度假上花的钱是再也拿不回来的，而像电脑、衣物和手机等有形资产则是可以变卖的，因此被算成储蓄的一类。

你在读一家公司的资产负债表时常常会出现一些金融术语，例2中列出了这些常见术语和解释。

例2 金融术语

固定资产

公司长期、持续使用的资产都属于固定资产；最终向消费者出售的资产则不属于此类。常见的固定资产包括建筑、机器、汽车和电脑等。

流动资产

流动资产指的是预计会在一年内售出的资产。

流动负债

流动负债是指预计在未来一年内偿付的负债。通常这部分是对供应商的债务。

长期负债

长期负债是指预计不会在未来一年内偿还的负债，比如从金融机构获得的贷款。

例3中展示的是一家小公司的资产负债表。其中的"股东权益总额"实际上就是"资产净值"的另一种说法,通过另一种方式展示了一家公司的净资产以及其来源。"投入资本"指的是股东,也就是公司所有人向公司投入的资金。"留存收益"指的是公司在付完供应商货款、员工工资和税收之后赚得或"留存"的资金。

例3　Fast Eddy 山地车专卖店

（2001年1月1日资产负债表）

资产	（美元）
固定资产……………………	20500
流动资产……………………	13500
总资产……………………	34000

负债	（美元）
流动负债……………………	8000
长期负债……………………	21000
总负债……………………	29000

股东权益	（美元）
投入资本……………………	1500
留存利润……………………	3500
股东权益总额……………	5000

结清账簿

简单来说,公司只是其投资人或股东组织投资的一种法律框架。公司中的每一样资产都有人声明其所有权,这个人可能是一名员工、一位股东、一家银行或是一个供应商。计算股东权益的一种方式就是从资产中将负债扣除。

交易

资产负债表并非仅仅将资产和负债两者列出，表中还包括交易，即商品、服务和资金的交换或转移，包括从股东和银行处筹集资金、采购原材料和向员工发放工资等。大型的公司每年要进行数以万计的交易，因此需要借助计算机并设立单独的会计部门来完成这一任务。

仅仅把所有交易录入资产负债表是不够的，还需要进行一些处理才能反映出一家公司真实的财务状况。这些处理方式中就包括折旧和摊销，这是两个非常重要且在财务和会计中紧密相关的一组概念。

折旧

任何行业中绝大部分的固定资产都会随着

在账簿上计入账目现如今已经很少见了。强大的电脑软件彻底变革了大小公司复式记账这一痛苦的任务。

使用年限的增加而有所贬值，这一过程也被叫作"折旧"。折旧的部分是可以从相应资产使用期间公司取得的利润中扣除的。将固定资产在其第一年使用后价值折损三分之一是标准的会计处理方式，此后这一资产的价值会以每年10%的速度递减。比如说，如果一家公司花了1500美元购入一张桌子，一年后其价值变成了1000美元，第二年后其价值会变成900美元，而第三年后，其价值在900美元的基础上再减少10%，变成810美元。即便购入的是古董这类资产，其实际价值是随着年份增加而增加的，但从会计的角度，也依然会按照刚才的操作计算折旧。如果是可耗竭的自然资源，其资产价值的损失被叫作"折耗"。

摊销

如果一家公司长期租赁一个办公场所，其价值损失背后的原理和折旧是一样的，只不过这里会用到另外一个术语：摊销，英语是amortization，其中"mort"来源于法语，意思是"死亡"，因为租约是每年都在慢慢"死去"的。举个例子，一家公司用1万美元的价格租借一栋建筑10年，那每一年10%的租金，也就是1000美元会被摊销。

公司也可以从其名下的房产中赢利。在经济繁荣的时期，房产价值上涨，因此适合的办公场所就会出现短缺，公司这时可以通过出租其黄金地段的房产获得利润。

红利

近年来，一些大公司选择将自己拥有的办公楼出售，再从新的拥有者手上租下。这么做的好处在于，公司可以将房产出售所得用

于核心业务的投资，或者给股东更多分红。这种售后回租的做法最近被两家计算机行业巨头微软和 IBM 所使用，因为它们都希望借此获得更多的流动性资金。

红利的定义是公司在每个财年结束的时候按照持股比例向股东分发的每股对应的金额。这一金额可以通过股票票面价值乘以某一比例计算得出，也可以设定固定值。比如公司按照每股1美元发行了总价值50万美元的股票，总计50万股。如果该公司董事打算将募得的2.5万美元进行分红，他们可以将红利设为股票价值的5%或是固定为每股5美分。

部分大型美国公司会每季度进行分红，而这是因为美国非常流行通过分红的方式给公司

洛杉矶市中心的写字楼。房产可能是一家公司最有价值的资产，尤其是在商业空间不足的地区。

的投资者予以激励，没有分红，投资者有可能从公司撤资，甚至直接投资竞争对手。

红利增加通常也是经济上行期的标志之一。但是分红势必会降低公司的赢利水平，同时用于分红的资金原本也可以用于投资。不过良好的分红情况也会让公司更能吸引到新的投资者。

会计的基本概念

很多会计师对生活通常比较悲观，偶尔还让人觉得无趣。他们往往天生比较谨慎小心，这非常符合会计师这一职业的要求。如果一位客户有可能赊账购买商品，会计就会相应地拿出一部分准备金做应对，这就意味着公司留存收益的减少。企业家们可能会加以反对，但会计师们却会坚定不移地认为这是"谨慎的做法"。

公司记账的方式可以多种多样，但是一旦选定了一种就要一直用下去，保持一致性，否则分析师们就无法对公司的长期发展做出评估。

会计师是否天生谨慎是一方面，但他们认真核对现金流入和支出是提高公司整体盈利能力的关键。

做业务记录

公司出于很多原因需要将其业务记录做得准确、清晰：税务部门有要求，银行也需要定期获取公司发展状况的可靠信息。

这些记录会被记在不同的账簿上，而现金账簿是其中最基本的一种，它记录的是支票或

现金形式的付款和收款。有些公司的业务全是现金类的，也就是说不管是采购还是销售的交易，都是即时支付的。

而其他的业务，支付的过程发生在买卖环节之后，这时就需要两本账簿：记录销售发票的销货簿以及记录商品和服务采购的进货簿。

业务壮大之后，公司开始使用每一位客户单独一个账户的销售分类账。分类账可以清楚地展示，哪些客户付款较慢，哪些客户订单数量更多。这种情况下进货簿依然不可缺少，按照不同的支出类型分成数列依次记录，公司就能对每月的成本支出情况一目了然。

复式记账

将商业交易在一个账户或资产负债表中做复式记录，其实就是在实践会计中最根本的一个原则：企业的资产总额必须永远与负债和权益总额相等。这句话说的就是资产负债表必须保持平衡。这是因为我们有必要保证对公司的产权以及运营过程中的融资情况和资产所有权的情况加以掌握。公司使用的每一种资源必须有其所有者，而记账只是实现这一目的的其中一种办法。

复式记账的本质就是将同一次交易在账目的不同位置做两次记录。每一个借方必须对应一个贷方，而在传统的分类账簿上，这两个项目会分类在相对的两页上。这种记账方式最早出现于15世纪的意大利，目的是保证精准地展示公司的财务状况。

要理解复式记账在实际中如何操作，不妨先把自己想象成一位在线花商，经营一个叫作"鲜花网"的网站。为了业务扩张，你新添置了一辆送货车。购买完成后，你的会计师在鲜花网的账目下做了两笔记录。假设货车价格是6000美元。那相应地，鲜花网的资产负

鲜花店里的花在采购时涉及一定支出，但现在已经是这家店的资产了。

债表上现金支出的部分就会出现一笔记录，而因为你买下了这辆车，它成了你的资产，价值也就是6000美元，这一条同样也会被记录。这个过程就是复式记账法的精髓。有两点需要注意：一，任何从银行账户支出的款项都会被即刻视为现金支付，比如哪怕你是用支票购买了一辆卡车，这也算是现金支付；二，刚才鲜花网采购的货车这一新资产的价值会按照之前所说的每年有所折旧。

应付制

应付的金额是指任何还未支付但之后会支付的成本。比如电信公司效率低下，导致你六个月都没有收到话费单；等到时候话费单真的寄过来时，款项数额就会很大；而这里的话费金额就应该被归入资产负债表中的应付部分。类似地，这一会计中的应计制也适用于已经完成但还未结清账款的销售；同样地，销售所涉及的所有成本也应该计入账簿中。

损益

分析师虽然能从公司的赢利水平上做出一些推断，但只看最终的一些数字是无法全面地评估一家公司的健康状况和财富水平的，还必须要看表中体现公司如何赢利的损益账目（Profit & Loss, P&L）。这一账目将所有主要的交易加以拆分，分别列出哪些部分贡献了收益，哪些部分带来了成本。

现金流

一家公司一年内利润很高却现金短缺的情况也是存在的。这可能是因为补货花了一大笔资金；也可能是因为应计应收原则，账目上有些商品虽然已经卖出去了，但是货款却还没有到账。这些情况下，公司的现金流是比较少的，必须通过谨慎规划获得金融投资或收回应收款项，不然公司可能因为需要支付日常的开支而无力为继。日常开支中包括贷款的偿还和给债权人的还款。

风险投资家（愿意冒险给新公司投资，以换取一定的发言权和一定比例的利润）或银行在给新公司贷款前都会要求其出示一份现金流预测单。现金流预测的原则很简单，就是预测公司未来销售额减去营运支出和成本之后的数额。

每家公司都存在一个盈亏平衡点，也就是生产出的商品带来的收入正好与成本相抵。在达到盈亏平衡点之前，公司是在承受着亏损经营的，但是过了这一平衡点后公司就开始赢利了。一家公司的成功正是由其利润的多少来衡量的。

有时公司会经历一些其意料之外的一次性事件，由此产生的收入或支出被称为"非经常项目"。非经常项目也包括法律案件中支付的赔偿金。公司如果因为发现有利率更低的借款方而选择不从原来的借款方借贷时，需要支付违约金，这笔钱就会被算作一笔非经常项目记录在资产负债表中。

财务术语

以下是财务和会计工作中最常用的一些术语。

• 每股收益（Earnings Per Share，EPS）：投资者和分析师通过这一指标估算公司的价值，它通常出现在资产负债表中损益账目的最后一行。每股收益是用当年公司的盈利额除以当时公司的股票数量得出的。

• 资本回报率（Return on Capital Employed，ROCE）：通常指投资资本扣除折旧部分后的净利润。这一指标通常用来衡量一家公司或一个投资项目的效益，有时也被称为收益率。

资本回报率是用营业利润（扣除税款和债务之前）除以投资额得出的，这里的投资额有时会除去贷款和营运资本。

潜在投资人可能会比较一家公司的资本回报率和普通储蓄账户的回报率。通常前者应该更高，否则这家公司对投资者来说便缺少吸引力。同时，投资者也希望一家公司的资本回报率能不断增长。

• 收益率（Yield）是一笔投资或投资组合的年化增长率，这一增长率既可以是预先做出的也可以是之后统计得出的。收益率通过下面的公式计算得出，其中 T 代表年数，Vo 和 Vt 分别代表一笔投资的初始价值和最后的市场价值：

$$(Vt / Vo) \times (1/T) - 1$$

假设投资100美元，一年后增加到109美元，则该年的收益率为9%。这笔钱如果第二年继续用于投资，收益率也保持了9%，则第一年的本金加上当年的利息都可以享受到第二年的这一利率增长，两年下来总投资额就会变成：

$$109 + 109 \times 9\% = 118.81 美元$$

这就是复利的概念。虽然每天复利都会增加，但通常会以"年"为维度计算和汇报。不过收益率偶尔也会汇报得更加频繁一些。比如纳斯达克的新科技板块，节奏很快变化频出，某些公司的收益率很高，基金经理甚至每个季度都会进行一次汇算。

"收益"这个词单独使用时可能有几种不同的意思，最常用的是指代总收益本身，即一笔投资在某一日期的总价值，包括本金和资本利得；有时也可以指代比率。比如投资50美元一年后增值到60美元，就会说总收益率是120%。

• 市盈率（Price to Earnings Ratio，P/E）：是指公司股价除以每股收益的比率。这一比率帮助投资人了解其投资公司的赢利能力，是反映公司价值最根本的一种手段。

比如一家公司股价为每股15美元，每股的收益是1.5美元，则该公司的市盈率即为10。

投资人通过市盈率这一指标挑选最佳的投资对象。市盈率低于10的公司通常会被认为发展缓慢。这既可能是因为该公司处于发展缓慢的行业，本身已经失去投资的吸引力；也可能是因为这是一家相对成熟的蓝筹公司，长期以来赢利能力稳定，分红较高。

市盈率在15以上的公司被认为是充满活力的。这些公司的员工往往收入较低，甚至可能不分红，而是将利润再投资于研发或是采购新设备和技术上。高市盈率表明这家公司未来发展势头较好，但需要注意的是，市盈率本身并不是衡量一家公司价值绝对的标准。

● 内部收益率（Internal Rate of Return，IRR）：也被称为"平均总收益率"，是一笔投资未来现金流的当前估值与投资成本相当时的回报率。内部收益率类似于储蓄账户的利率，即储蓄账户付给你的利率等于同时期你的投资的回报率。

● 账面价值（Book Value）：是账簿上的一个条目。账簿上的价值在公司眼中可能比外人看来更高，这也是为什么公司的市值和账面价值

纽约证券交易所内的显示屏和交易员。

不一定是相等的。

● 过量交易（Overtrading）：指的是在现行政策下公司资金不足，无法顺利完成营业额的问题。比如说，一家公司把生产翻了一倍，却发现没有足够资金填补目前的支出。这种情况不加以解决，公司就有可能破产。过量交易可以通过牺牲部分利润换取资金流动性来避免。过量交易只有在快速增长的小型公司短期内施行才合理。它必须是始终经过深思熟虑和严格控制的。

公司融资

公司可以通过多种方式融资，比如从银行贷款或者透支，又比如售卖公司股票换取现金。如果是上市公司，还可以选择发行债券。债券是一种可以在金融市场上交易的融资手段。公司贷款时通常会提前商定好一段时间内的利率，贷款也通常会用公司的资产做担保，这样借贷方在公司无力偿还贷款时可以拿公司的物品抵偿。可转换债券则允许借款方将债券转换成公司的普通股。

资产负债率

在不计税款的情况下，一家公司的总体资金等于其债务和投资于这家公司的资金之和，也就是该公司的资产净值。资产负债率就是用公司负债除以资产得出，这一比例越高，表明公司越是依赖借款生存。

利率较低时，借款成本也就较低；但当物价上升（通货膨胀）的预期促使美联储①上调利率后，借贷的成本也就上升了，公司债务违

---

① 美国联邦储备系统，即美联储，是美国一家私有的中央银行，负责履行美国的中央银行的职责。——译者注

约的风险也就增加了。

"杠杆"一词通常是指通过借贷追求投资回报的行为。

税收

各国的税法不同,但依然存在相似性和共同点。国际联系的加强意味着一家公司可能在多国被征税。许多国际协定的制定就是为了避免双重征税的发生,具体做法包括厘清不同国家税法的生效范围,或是当一家公司在他国缴税之后为其提供税收减免。

在美国,向一家公司征税是非常复杂的流程,同时也容易因为政府部门调整征税门槛或增加限制而非常多变。所以在美国,不管是个体户还是大公司都会聘用税务顾问或是会计师来帮助他们。

因为税收政策针对支出、资产和利润有数不尽的规则,所以对于专业知识不熟练的人来说,很难快速理解最新的税收政策变化。在美国,会计师为个体户申报税收一次通常会收费400美元。公司通常也愿意付这笔钱,因为一名好的会计师是无价的,他们为公司省的钱让收费显得微不足道。

三颗铜球是英国典当公司的标志。这些公司以客户的物品作为抵押,借款给顾客。他们通过对借款收取利息或是售卖未赎回的物品获取利润。

任何公司，不论是独资、合伙制还是股份制的公司，都是通过对其账簿上的数据进行计算后算出其利润情况的。这些计算是很有必要的，因为通常的账簿记录规则与税法的规定是不完全一致的。会计意义上的利润和课税利润可能没有多少关系，因为很多可抵税费用和可减税项目都可以让一家公司的纳税额大幅减少。

如果你不想缴纳比法律规定更多的税款，会计师的作用就很大了。当然，紧密关注政府预算书中有关财务和税收的最新规定也很有帮助。此外，优质媒体的商业版也会以简明的语言解释最新的相关信息。

可以抵扣收入的费用包括：

- 完全且仅用于交易的费用；

- 适度地抵扣收入（不能抵扣房产租赁的费用，因为这属于资产的类别）；

- 法律未明确不允许的费用。

节税的方式

要完全列出所有可抵扣的费用，那就太多了，但下面这些要点是一些有用的建议：

- 如果你的部分工作是在家里完成的，那通常可以拿部分的租金、电费、燃气费和话费抵扣你的业务收入。

- 在美国的一些州，如果你结婚了，你的妻子出于一些原因，比如要照顾年幼的孩子等，无法出门工作，那她也可以算作一名员工，她领的工资从你的利润中扣除，这笔费用是不用交税的。

- 研究、文具和娱乐的支出记录也应该保留，因为这些费用和商业差旅的费用也都是可抵税的。这些费用通常占到所有可抵税项目的25%，它们都可以抵扣你的利润所得，让你最后需要缴纳的税额大大减少。

- 如果你是个体户，务必把所有发票和支付记录按照日期有序归档，这些记录往往要保留好几年才能丢弃。

财年

美国的独资企业需要在每年的日历年开始的时候申报纳税，而股份制企业则可以选择在财年开始或结束的时候进行申报。大部分零售商都会选择在每年的日历年之初发布财务报表和纳税申报，因为这通常是一年中最清闲的时候。美国联邦政府则会在每年9月30日前后发布主要的财政报告。

具体到税收，独资、合资和股份制企业之间最大的差别就在于对亏损的相关操作上。对于独资和合资企业的所有者来说，业务收入只是他们收入的一部分，所以亏损是可以用来抵税的。

但股份制企业是被算作独立的法律实体的，企业有自己的纳税义务，这也就意味着股份制企业的所有者不能用企业的亏损抵扣他们自身其他收入。比如如果你是一家公司的 CEO，

美联储就利率做出的决定对公司偿还债务的能力有重大影响。

你也需要根据"所得税预扣法（pay-as-you-earn，PAYE）[1]"的规定缴税，这通常比你作为个体户的税负更重。除非公司所有的利润都拿来给高管发工资，不然公司的利润就要缴纳公司所得税。

审计

审计是对一家组织账户的独立核查，以验证其真实性和准确性。类似的做法其实古已有之，不过现在这种正式的审计活动则是在19世纪后半叶逐渐发展起来的。这一时期西欧各国和美国的科技发展迅速，很多手工制作的工艺都让路给了机械化的工厂制作，而要实现这一点，资金是少不了的。早期由于都是独资或是合伙制的企业，所有者的信用水平就代表了其企业的信用。

合伙制企业的出现增加了融资的可能性，因为合伙制让一家企业的股权基础扩大，从而允许更大规模的投资。

与此同时，每一位股东的责任是有限的，也就是说即便企业倒闭，股东也不需要偿还所有的负债。这使得股票的公开发行成为可能，为商业的发展提供了新的融资渠道。拥有众多股东的大型公司逐步替代了规模较小的私有公司。

这种模式，全体股东会将公司的管理权委托给董事会，而董事会定期会向前者提供公司的账目，让股东们了解公司的财务状况。

虽然负责介绍这些账目的是公司的董事，但还是需要更客观的观点。让每一位股东个人都去独立审查公司的账目是不现实的，所以他们通常会指派审计师对公司的财务状况进行核查，并对公司的会计方式进行审计。审计师都是经过训练的会计师，他们需要依法对董

---

① 指按应纳所得税规定要求雇主从发给雇员的每份工资中扣除所得税（在某些情况下，还包括社会保险福利税的雇员部分），作为应付税款的预付款。——译者注

事呈递的账目进行客观审查，并要向股东汇报这些账目是否是真实和公正的，以及是否符合法律规定。

如果审计师对公司出示的账目存有异议，他们有责任在报告中说明，并指出具体的问题所在。当然，审计师在一家公司的账目上找出了问题并不是更换他们的理由，除非该公司的股东不再相信他们。通常，公司有责任解释并阐明其业务情况。

公司董事和审计师之间互相信任是最好的情况，但如果没有信任也不影响审计师的工作，而且双方之间的冲突的确常常是不可避免的。上市公司的审计师通常是由股东任命并支付报酬的，但股东又常常委任董事来支付报酬。

《华尔街日报》是向全球的企业提供金融信息的出版物之一。

美国会计师在进行审计时，必须遵守一般公认会计原则（Generally Accepted Accounting Principles，GAAP）。这些标准是由美国注册会计师协会（American Institute of Certified Public Accountants，AICPA）下属的会计标准委员会制定的。审计师的报告或观点会出现在公司的年报中，也会提交证券交易委员会（Securities and Exchange Commission，SEC）。

债务法

许多小型会计公司并不愿意承接审计的工作，他们担心因为信息不准确、不实或者疏忽而被起诉。1990年，当时美国第七大会计师事务所 Laventhol & Horwath，因为诉讼成本不断增加，被迫宣告破产。

美国五大会计师事务所：安达信（Arthur Andersen）、德勤（Deloitte & Touche）、安永（Ernst & Young）、毕马威（KPMG Peat Marwick）和普华永道（Price Waterhouse Coopers），和许多大型的美国公司一起，在致力改革美国的债务法。1995年，它们取得了一定成功，在联邦层面通过了证券相关的法律，但是州级别的债务法依然是一个问题。

债务：合伙制和有限公司

很多公司最开始是独资企业，之后成长为合伙公司或私有公司，甚至最后成了上市公司。如果一家公司破产了，根据公司组成成分的不同，相关各方需要承担不同程度的债务。

只有一位所有者的独资公司可以是只有所有者一人经营的，也可能是有许多员工的大企业。独资公司的所有者获得公司的所有利润，但同时如果公司破产，他也需要独资偿还所有的债务。

审计报告

审计报告的主要类型包括：

• 无保留意见的审计报告（Unqualified Opinion）：审计师认为财报根据一般公认会计原则（GAAP）的规定，准确反映了公司的情况。公司通常会全力配合审计师的工作，因而这也是最常见的一种审计报告类型。在英文中，这类报告还被称为"Clean Opinion"。

• 保留意见的审计报告（Qualified Opinion）：审计师在报告中增加了限制条件：公司需要提供某一交易或政策相关的目标或独立的证据，并需要按照审计师的观点清楚地进行沟通。

• 否定意见的审计报告（Adverse Opinion）：审计师认为公司财报不公允，未符合 GAAP 中的相关规定。这一类审计报告非常少见，审计师必须在报告中明确列出得出这一结论背后的原因。

• 无法表示意见的审计报告（Disclaimer of Opinion）：审计师因无法完成审计工作而无法出具意见。无法完成工作可能是因为无法获得必要的记录或者获得的记录不可用。

两人或两人以上共同组成合伙制公司，这样的公司更容易获得投资。技能互补的合伙人可以有效地合作，为公司带来利益。通常采用合伙制的公司存在于以下这些职业中：法律、会计、建筑、牙科和医药。

身处同一行业的合伙人共享收益，同时也共担损失，甚至还需要在公司破产的时候共同承担债务。如果合伙人散伙或公司破产了，那有可能其中一位合伙人要为其他人的失误买单。这也是为什么合伙制通常发生在家族企业。

合伙制公司从法律角度来讲是与其所有者，也就是股东，相互独立的。每一家有限责任公司都有董事会、公司秘书和拥有公司股份或股票的股东。

从股东的角度来说，有限责任制的吸引力在于，投资者无须为投资后产生的全部损失负责，他们可能会损失自己购买的全部股票，但这就是最糟糕的情况了。股东不会被强行偿还公司的债务，也不需要砸锅卖铁填补公司的亏损。所以说，股东们承担的风险是非常有限的，而且也不需要在公司倒闭的时候为巨额的损失负责。

破产

从法律的角度来讲，当一家公司无法偿还债务时它就破产了。在美国，每年都有上万计的公司破产。公司因为无力还债倒闭被视为一种耻辱，但破产本身并不可耻。很多公司常常无法掌控自己的命运：比如他们可能会受到经济衰退的冲击，商品或服务的订单量大幅减少。20世纪80年代末发生的严重经济衰退导

对商业欺诈的审讯漫长而复杂，原告律师常常需要向陪审团详细解释财务文件。有时出庭前需要好多年的时间为之作准备。

致世界主要国家的经济萎缩，数不清的企业破产，并由此带来了大量的失业。

有时破产还会形成连锁反应。一家大型公司倒闭后，其固定的供应商因为没有其他公司可以合作也会跟着倒闭。大公司付款拖延也可能让很多小公司走上绝路。如果一家大型公司迁到了劳动力成本更低的地方，那他原来的所在地就会有大量公司倒闭。当然，一家公司也会因为扩张太快或糟糕的商业决定而破产。

公司宣布破产后，首先是其债权人通过法院追回一部分债款。在过去，破产者通常被认为是骗子和罪犯，他们在社会上被排挤，职业之路受阻；有时甚至被要求穿上低等的服饰。在19世纪维多利亚时期的英国，破产者会因为没有还债被关进专门关押债务人的监狱中。但是这些惩罚措施的问题是，即便受到了惩罚，欠债人依然没有办法还上债权人的钱。后来，政府逐渐意识到监禁破产者只会让情况变得更糟。最后破产成了债务人纾困的一种方式，而债权人也可以通过一些程序拿回部分损失。

在美国，破产行为受到《1978年破产改革法》（Bankruptcy Reform Act of 1978[①]）管辖。这一法案在颁布后修正过多次，其中最重要的一次是1984年通过的有关消费者信贷的相关规定。

除了正式的破产法案外，还有一系列配套的官方表格和程序，供债权人、债务人和任何想开展破产流程的人使用。

目前美国法律允许的破产程序有四类，最常用的一类是清算破产。这类破产流程中会有一位受托人（通常是一名会计师）授权管理一家破产公司，收集债务人所有未被州或联邦法律豁免的资产，然

---

① 美国后来出台了基于《1978年破产改革法》的《破产法》（Bankruptcy Code）。——译者注

后将这些资产用于偿还债务。

有担保债权人指的是债权人在借贷之初就获得了公司或者高管一定的资产作为担保，因此拥有优先受偿的权利。这类担保资产有可能是高管个人的房产，所以为了避免自家财产在公司破产时被没收，高管通常会提前将房产置于自己配偶或其他家庭成员名下。

有担保债权人得到赔付后，之后进入优先索偿的赔付。优先索偿的对象包括与破产流程相关的行政支出，以及其他一些特殊的索偿，比如未缴税款和员工工资等。不过需要记住的一点是，当公司破产时，支付员工工资并不是最优先考虑的，很多情况下员工可能拿不回他们应得的工资。

最后，如果资产还有剩余，才会用于无担保、非优先的索偿，比如一家公司的客户提起的索偿。通常在赔付完前面几类之后，破产企业的资产已经所剩无几了。所以比如说，一家开展假期套餐业务的公司倒闭了，那已经付了款的客户很可能无法去度假，也没办法办理退款了。对于互相签署了协议的两国，本国与他国债权人之间是没有差异的。

无论最后债权人在公司破产时拿到多少钱，债务人都会被免除提交破产申请时所有的债务。不过有一些特定种类的债务是例外的，比如赡养费、学生贷款、人身伤害赔偿费等。

在一些很少见的情况下，比如债务人犯了"虚假破产罪"，这时的债务人是无法获得债务免除权的。债务免除可以说是破产相关的法律规定最主要的一个目的，那就是让债务人可以在经济生活中有一个重新开始的机会。

破产流程的最开始需要提交破产申请，通常是由债务人提交一

份自愿破产申请。当然也有可能债务人本身不愿意，但债权人强行发起了非自愿的破产申请。根据美国《破产改革法》的规定，债务人需要提交相关的清单和名单，比如债权人的名单、资产和负债清单、流动收入和支出的清单和财务状况说明。

19世纪的英国对于欠债者的惩罚是很严厉的，欠债者有时甚至会在伦敦新门监狱（Newgate prison）所谓的"债主之门"前被处以绞刑。

竞争、扩张和发展

经济学中最有意思的就是研究企业在争夺市场份额过程中开展的竞争方式。不过同时，这也是非常复杂的。

企业的形式有很多，有独资公司、合伙制公司，也有股份制公司；可以是一个人独自拥有的、几个合伙人一起拥有的，或是世界各地成千上万名股东共同拥有的。不同的企业各自面临的市场条件和目标都是不同的。大部分企业会选择利润最大化，但也有企业追求销售收入的最大化，又或者只是想抵销成本（比如慈善机构）。

公司的发展之路

对于处在自由市场和混合经济体制下的大

图中展示的是最糟糕的情况。就像大白鲨一样，公司不进则退，不发展就只有消亡；但两者的不同在于，公司的利益也需要对社会整体有益。

部分公司来说，无论其规模、架构或所有权如何，要想发展必须追求利润最大化，而要实现这一点，就需要和销售相似产品或服务的公司竞争。这些公司处在同一市场中，市场机制决定他们生产什么以及相应的价格，而愿意且有能力按照市场价格购买产品和服务的人就是消费者。

经济学家的假设是，在这样的市场中，完全自由的竞争是最符合消费者和供给方利益的。

公司通常通过两种方式发展壮大，一是增加自身的产出，增加收入，增强赢利能力；又或是通过合并，当然合并的前提是相关各方，也就是各个公司的负责人都同意这一决定。之后我们会详细了解不同类型的合并。

收购公司时，有时是各方都同意的，但有时被收购的公司会选择拒绝。后一种情况也被称作恶意收购。被收购公司的董事会建议和鼓励公司股东拒绝对方收购其股份的提案（收购方需要获得被收购公司 50% 以上的股权来获得对公司的控制权）。

竞争性市场

自由或完全竞争的条件是：某种商品应该有大量的生产商和消费者、没有进出市场的壁垒以及充分的信息流通，同时商品都是同质的，公司也被假定为是追求利润最大化的。大部分经济学家都认为，如果这些条件都得到满足，资源会得到有效分配，同时商品和服务的生产和供应将会让所有人的利益最大化。

在完全竞争的条件下，不同的公司根据生产的产品的价格和数量互相竞争。市场均衡或者市场出清是指供给方生产和售出的商品数量和消费者需要并购买的商品数量相等。

柯蒂 (QWERTY) 键盘

经济学家认为在自由竞争下，商品的生产和供给在价格、质量和数量上都会和人们的需求完全相等，同时市场主体会利用已有的资源进行技术开发，打造更先进、更有效能的产品。为了验证这一观点的准确性，经济学家尝试去寻找这样的场景：市场失灵导致相关的产品没有像

目前键盘上的字母排序已经是通用的了，但这真的是最好的排序方式吗？

预想的那样变得更加高级和高效。如果真存在这样的场景，那人们就有理由去使用市场之外其他的机制进行资源分配，或者是设计政府对市场的干预手段。

解决挤压问题的设计

柯蒂键盘有时就被当作一个市场失灵的例子：如果当时政府进行了干预，产品本来可以更加优秀。1868年，克里斯托弗·索尔斯（Christopher Soles）申请了柯蒂键盘的设计专利，柯蒂指代这一设计中键盘最上面的一排字母的前六个，即QWERTY。这一键盘的布局设计本来是为了解决打字机在打一些特定字母组合时连接杆相互挤压发生故障这一问题的。德沃夏克（Dvorak）于1936年发明了一种新的设计，似乎更加高级和高效，而且使用新键盘的再训练成本最后也是能够收回的，但打字员却拒绝使用这种新键盘，制造商也不愿意生产德沃夏克式键盘。

原来这种更为低效的设计似乎被"认定了"——不管是消费者还是生产商，都不选择明显更高级的技术和设计。也有人因此认为，这就是市场协同失败的典例：市场并没有达到最高效的结果。

1991年，经济学家 S. 马尔戈斯 (S.Margolis) 和 S. 利博维茨 (S. Liebowitz) 认为这一例子当中大众对于效率的观点是有问题的。支持德沃夏克键盘更高级这一观点主要来自美国海军1944年开展的一项研究。马尔戈斯和利博维茨从统计理论的角度质疑了这一研究报告的数据，并指出组织这一研究的恰是键盘设计专利的所有者之一，海军少校奥古斯特·德沃夏克 (August Dvorak)。1956年，美国联邦总务管理局(U.S. General Service Administration)开展了进一步研究，认为这两种键盘设计在效率和打字速度上并无太大差异。这样看来，市场在这一例子中并没有失灵。

在现实生活中，最理想的结果会因为诸多原因而无法实现，有人会因此说市场机制失灵了。在市场中，公司面临的情况多种多样，从最完全的竞争条件到垄断，不一而足。垄断、外部性、产权的缺失以及信息不对称等诸多因素的叠加都可能导致市场效率的低下。这种低效有两种表现方式，一是资源分配的低效，另一种则是无法实现某些社会目标，比如收入分配。

正因为这两种情况有发生的可能性，市场是否需要像政府这样的外部权威对其进行干预，就成了一个问题。

非价格竞争

古典经济学理论会从价格和数量的角度分析市场。不过，在现实生活中，完全竞争的条件很难满足，也正因如此，公司之间不仅会在价格上互相竞争，还会进行"非价格竞争"。吸引消费者选购自家而非竞争对手产品的手段包括广告和产品差异化。

产品差异化是通过相对实际或是比较形式上的方式，将两种完全一样或是高度相似的产品加以区分。早餐麦片、清洁剂和汽油都属于这类产品。这类产品虽然品牌不同，但是本质上是一样的，所以就通过包装或是广告等方式打造差异化，最终让消费者选择自家的产品。

这种情况下我们不能假设这些产品都是同质的：尽管一款洗涤剂和另外一款本质上没有什么不同，但消费者就会觉得它不一样，或者别的牌子的洗涤剂更好。因此，产品差异化可以让公司提高产品的售价而不必担心销量下滑，因为对品牌的忠诚会让消费者一直购买他们熟知的品牌。

从积极的角度来看，公司也可能通过实质性地提升产品的质量或性能来实现差异化，这样也就会鼓励技术的创新。举个例子，无铅汽油就和含铅汽油不同，因为它污染性更小，对环境和人类健康的影响更小。又比如说，可充电电池虽然比普通的电池贵不少，但它们的卖点就在于它们的使用寿命更长，可以反复使用。这不仅可以给消费者带来好处，也通常意味着废弃电池的数量会减少。

THE NATIONAL BREAKFAST
(as you eat it in strawberry time)

SHREDDED WHEAT
A Product of NATIONAL BISCUIT COMPANY "Uneeda Bakers"

非价格竞争在存在寡头的市场中是最常见的。这类市场中少数几家大型供应商扮演了主导作用，一家公司的降价行为会导致破坏性极强的价格战，所以大家给商品的定价是一致的，但会通过比如打折促销或是其他的营销手段进行竞争。

非价格竞争的例子有很多。比如银行在价格竞争方面能做的不多，因为在调整不同账户类型的利率上，银行的自主权有限（这部分是因为政府的监管），所以银行主要是通过提供各类服务互相竞争，比如信用卡、借记卡和自动取

如果市场上的早餐麦片之间都很相似，生产商只能去强调自家产品未必真实存在的一些特点和差异。麦片的味道可能是不错的，但怎么能说明它是国民早餐呢？图中麦片的产品介绍写着"国民早餐（The National Breakfast）"。

款机，以及最近出现的电话银行和网上银行等。新开营业网点是一种方式，一旦成功，其他银行也会效仿，在附近开他们的网点，所以要吸引客户还得想别的办法。有时客户换银行存钱或换信用卡，并不是因为利率方面的收益问题，而可能是因为其他的福利：一张免费机票或是一部便携式计算器。有时候一些非价格竞争通过提供赢得奖金的机会来赢得客户："今日开通信用卡 X，您就有机会赢得免费度假的大奖。"

电子表格与非价格竞争

电子表格软件的发展也带来了许多形式的非价格竞争。最早的电子表格软件是布里克林（Bricklin）和弗兰克斯顿（Frankston）为 Apple II 这款电脑设计的可视计算（VisiCalc）。1982年，《个人计算》（*Personal Computing*）杂志上列出了

一家银行可以搭建比别家覆盖范围更广的 ATM 网络来吸引新客户——这就是非价格竞争的一个例子。

当时的18款电子表格软件，而这些软件绝大部分都是在使用 CP/M 操作系统的 Apple II 型或其他的微电脑上运作的。

1983年，莲花（Lotus）软件公司发明了 Lotus 1-2-3，售价495美元。这款软件很快证明它比 VisiCalc 更优越，甚至被《PC 世界》（PC World）杂志称为"最顶尖"的软件。一年之后，Lotus 1-2-3 的销量就已赶超 VisiCalc。

1985年，可视计算彻底退出了市场，而莲花软件公司正是依靠更先进的技术击败了布里克林和弗兰克斯坦。

通常质量差、价格低的产品会比质量好但价格高的产品有更高的市场份额。比如福特公司售出的家庭款轿车数量就远超梅赛德斯（Mercedes）的豪华轿车。但是在电子表格软件的市场中，各款产品的价格都是相近的。

电子表格软件价格的定价过程非常复杂，零售价并不能真实反映这一产品真实的平均价格。经济学家详细比较了 Lotus 和 Excel 两款软

电子表格是计算机软件这一充满竞争的市场中角逐最激烈的一个领域。用户对电子表格的预期很高，而市场上又有大量的同类软件。

件的平均成本和制造商最后的采购价格。Excel 是微软最先使用、用于 Windows 系统上的第一款电子表格软件，也是一组出色的办公软件套装的一员。这一比较考虑了软件升级的成本和其他办公软件打包出售的价格，以及帮助推广销售的公司可以享受的折扣等。最终的比较发现，两者在价格上几乎没有差异。一直到1996年，因为市场份额开始落后于 Excel，Lotus 1–2–3的价格才开始大幅下降。

价格当然是竞争中非常重要的一个因素，但很明显在电子表格的市场中（也包括许多其他的市场），竞争中还有很多其他的因素在发挥作用。微软和它的 Excel 软件都寄希望于 Windows 成为主导的操作系统。操作系统就像是一台管理设备，控制着电脑的一切行动，决定了其他软件在何时、以怎样的方式发挥功能。在 Windows 之前，DOS 系统是个人电脑主要使用的操作系统。Lotus 认定 DOS 系统的地位不会被动摇，不必担心会损失 DOS 市场的份额，所以它又为 DOS 系统设计了 Lotus 1–2–3软件的新版本。但当用户都从 DOS 系统转向 Windows 系统之后，Lotus 的市场份额就大幅缩水了。

这个例子中，决定两家公司市场份额的是非价格的因素。在未来哪一款操作系统将占据主导地位的预测中，Lotus 猜错了，微软赌对了并获得了丰厚的回报，微软依靠崭新的技术占领了市场。曾几何时，Lotus 还是电子表格市场中无可撼动的存在，现在却已经完全退出了电脑屏幕。

售后服务

售后服务也是公司在非价格竞争中使用的一种手段。文字处理软件 WordPerfect 5.1的例子会展示售后服务这一概念在信息技术（Information Technology，IT）产业中是如何得到运用的。大部分人的电脑上都装有文字处理软件，而在20世纪90年代早期主导这一市场的正是 WordPerfect。尽管如此，还是有不少人觉得这款软件操作困难，而且有很多无用的功能。微软的 Word 是主要的备选项，但 Word 需要在 Apple Macintosh，而非当时主流的操作系统上运行。所以 WordPerfect 的成功部分也得益于其运行的硬件系统。不过，WordPerfect 还有一点非常令人称道，那就是它覆盖广泛、高度发达的技术支持网络，堪称业界传奇。

科学仪器公司也会利用售后服务竞争，它们会为客户组织培训课程，还会设立硬件和软件的服务热线。汽车公司也是如此。1980年到2000年的20年间，日本汽车企业有效地利用了售后服务来提高他们在英国的市场份额：当时西欧国家的汽车企业对售出的汽车仅提供12个月的质保期，而日本汽车企业承诺的质保期则长达3年。它们正是靠这一招从对手手中夺取了更多市场份额。

品牌化

方才电子表格的例子其实也涉及了品牌化的原则。在完全竞争中，产品都是同质化的，彼此没有任何不同。电子表格软件是可以做到同质化的：如果每一家公司都为同样的操作系统研发功能完全一致的软件，那这些软件之间就没有任何差异。但事实上，为了和其他公司竞争，公司都竞相让自己的软件提供别家没有的功能，也会为自己认定会主导行业的操作系统研发相应的软件。所以用户的选择很多，也就有了品牌忠诚的对象。

其实品牌化的现象广泛存在于计算机行业。最早生产的电脑彼此是完全不同的，你无法向不同品牌的电脑传输数据，软件也只能在特定的机型上运行。这样一来，用户就只能一直使用同一个品牌的产品，即便别人的产品技术更加先进，他们也不愿使用，因为他们担心需要重新手动输入数据。这种状况极大限制了创新，新款和更强大的电脑也很难卖出去。

1969年，第一款可以在使用同样微芯片的不同电脑上运行的操作系统 CP/M 问世了。很快，市场上就出现了一大批为运行 CP/M 系统的电脑而研发的软件。

1986年，苹果麦金塔电脑（Apple Macintosh）数据系统主管约翰·克兰（John Crane）和他的一系列产品的合影。电脑公司需要在价格上与竞争对手比拼，但像技术、售后服务和品牌力等其他因素也都是很重要的竞争因素。

一开始，电脑供应商就像是自己的那一小块儿市场中的垄断者，技术变革促使彼此的竞争，而竞争会带来更多的产品和更低的价格。这种效应正是竞争理论预期发生的。

个人电脑得到了普及，人们信赖的安全体系也能防范狡诈的黑客。亚马逊的成功被经济学家认为是电商目前兴旺发达，并将长期存在的有力证明。

电商行业的低门槛是市场在完全竞争下的一大要素。商品的定价由"正常利润"（Normal Profit）这一概念决定。新技术和新发明被认为是利润的首要来源，而在线股票交易的兴起则可能彻底改变公司融资的方式。

VHS vs Betamax：录像机格式之战

　　VHS 和 Betamax 两套录像系统的竞争对于经济学家来讲意义非凡，它展示了所有制和规模经济效应的原则。这一经典案例中，表现更差的产品因为没有规模效应而无法占领市场；在这一案例中，营销创意发挥的作用也得到了体现。

　　1956年，安培公司（Ampex Corporation）推出了第一款实用的录像机。这款录像机在电视上使用，面向专业用户。安培公司尝试过和其他电子器件公司合作，给录像机装上晶体管后向普通家庭推广，但是失败了，只留下几款不能兼容的型号。直到1969年，索尼才发明了针对普通家庭的盒装磁带式录像机。索尼也想和电子器件厂达成合作，打造标准化的产品。尽管在教育市场取得了一定成效，但向家庭推广录像机的这次尝试，以及之后的几次尝试，都依然以失败告终。

Betamax 和 VHS

　　1975年，索尼推出了一款名为 Betamax 的录像机格式，而同时，JVC 公司① 也开发出了 VHS（Video Home System，家用录像系统）格式。索尼再次尝试联合其他制造商共同生产标准化的家庭录像产品，却直到翌年才有了第一次会面。这次会面决定了 Betamax 和 VHS 从其他的格式中脱颖而出。

　　这两种格式公认的差别在于，Betamax 的录像时长为1小时，而 VHS 则试图达到2小时。更长的录像时长得益于 JVC 新研发的传带技术和使用了更大的录像磁带。两者的其他技术差异则相对不值一提。

　　两家公司之所以研发出了不同的技术，是因为两者对于消费者的需求理解不同。索尼认为人们更喜欢小巧、紧凑、易携带的产品，而 JVC 则认为录像时长更加重要，只有录像时长更长，

围绕录像机和录像磁带的竞争是经济学家热衷研究的典型案例。

① 日本胜利公司（Victor Company of Japan，简称JVC），JVC是一家日本消费性与专业电子企业，总部设在日本横滨。——编者注

消费者才能把电视上播放的电影从头到尾录下来。

录得更久，价格更低

1977年，可以录像4小时的 VHS 格式录像机问世。两家公司随后开展了一场营销大战，它们都试图用降价的手段赢得竞争。但是两家的产品从技术层面上相差无几，最明显的差异就是录像时长。Betamax 虽然也增加了录像时长，但 VHS 增加得更多。其他的改进包括通过加快传带速度提高画质，但这一点两家公司都做到了，有很多研究都表明两家产品在画质上并没有多大差别。可就是在技术如此相近的情况下，VHS 还是在全球范围内快速超过了 Betamax。1983年时，Betamax 格式的录像机在全球的市场份额已经跌至 12%；而到了1985年，索尼已经是世界上唯一一家没有采用 VHS 格式的录像机制造商了。

市场失灵了吗

这是一场围绕标准格式的竞争，这个过程中消费者从开始的犹豫不决到最后因为一项心仪的功能，也就是更长的录像时长而选择了 VHS，而选择 Betamax 的则人数寥寥。Betamax 因为在复杂编辑和特效的使用上更加简便，所以成为专业用户的选择，有人甚至就此宣称 Betamax 的画质更好。但就像刚才说过的，两者在画质上并无太大差别，甚至几款主打高清画质的 VHS 录像机都并不畅销。消费者并不愿意为了更高清的画质出更多的钱；更何况一般的 VHS 录像机的画质已经达到了人眼可以辨别的最好程度，甚至超过了一般的电视画质。

这样的格式标准之争在其他的市场也陆续开展，但结果无一例外。没有证据表明消费者的选择是因为 Betamax 的投入不够，他们选定一种标准只是因为他们认为其他消费者也会做出同样的选择。就像前面讲到的 QWERTY 键盘的例子一样，消费者并非是选择了一款质量更差的产品，市场也没有失灵。其实在这个例子中，可以认为有两场针对不同标准的竞争，甚至是两类不同产品的竞争，一种是普通消费者选择的，另一种是面向专业人士的。

技术与专利

专利是保护一项发明免受潜在对于利用的一种手段。发明者可以通过申请专利防止他人生产他的发明或是从中获利。尽管每项专利都有一定的保护期限，但也足够发明者收回研发的成本了。专利通常是给有形的过程或机器申请的，尝试给计算机软件申请专利的都失败了。但是这些软件通过各国的版权法得到了保护。专利非常多，其中一些看上去有些随意：

- US 4429685号专利是一种培育独角兽的方法。该方法宣称可以培育出智力更高、身体条件更优越的独角兽，有助于将其训练成护卫。这一方法中包括对一只一周大的山羊做外科手术。

- W 09701384号专利是一条可以遛想象中宠物的皮带。

- FR 2694256号专利则是一辆马拉的水陆两用车。

正经的专利还是多数，比如医药行业就会申请大量专利，因为药物的研发成本非常高，

20世纪30年代，杜邦公司在发明了尼龙丝袜之后立刻为其产品申请了专利和品牌，以此保护它的研发成果。

如果没有专利保护，很多企业就没有投资研究的动力。许多工业和化学过程也申请了专利。

技术优势与竞争

1996年6月，美国国家政策分析中心（National Center for Policy Analysis）指出，IT行业、计算机行业和互联网正推动经济发展更加接近"完全信息"的状态，即有关产品价格、质量和存量的信息可以在全球各地同步。正因如此，后来所说的"电商"的出现降低了新公司的准入门槛，也让一些市场更加接近完全竞争的状态。

最明显的例子就是亚马逊，这家经营图书销售的公司通过互联网承接客户的订单。亚马逊在1995年刚刚成立时，很多地方都还没有通互联网。同时，因为在亚马逊上下单需要输入信用卡的信息，人们担心这些信息会在网上被

图书网站亚马逊的成功也表明电商，即互联网贸易，在快速发展。

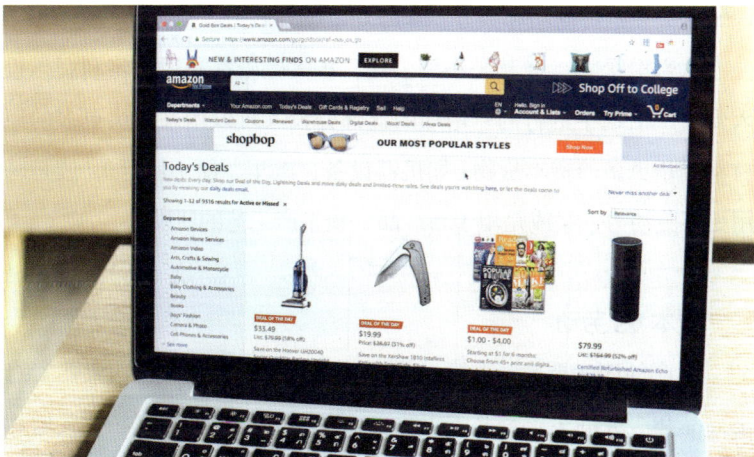

拦截，被骗子利用。这些困难现在大部分都被克服了。

　　互联网不断普及，而使用网络服务的市场也愈发接近完全竞争的部分条件。每8个月互联网的规模就会翻一番，而网络流量，即人们登录的次数，每隔100天翻1倍。2000年年初，全球预计由3亿人能用上互联网，而在美国，一半的用户都已经做好了迎接电商的准备，他们愿意且已经准备好通过互联网完成如购物这样的商业交易。1998年，弗雷斯特市场研究公司（Forrester Research Inc.）预测到2003年，美国线上零售额将占到全部零售额的6％。同时英文网站占据着主导：据估计，80％的互联网用户都说英语。

公司的发展

　　不同的公司身处的市场不同，面临的竞争水平不同，彼此的目标和前进的方向也不同。不过大部分公司都还是追求扩大经营、增加收益和利润，这样公司的所有人，不管是独资所有者、合伙人还是股东，就会变得更加富有。

　　如果公司的规模扩大，它就能利用规模经济的优势，在更大的区域购买和销售商品和服务，在海外市场开展生产。

　　大部分公司，尤其是小型公司，扩大经营都是通过将利润再投入到生产活动中进行的。增加的这部分投入可以用来购买更多的原材料或是更多的资本货物（如机器设备、汽车、新工厂等），或是聘用更多劳动力，又或是用于新产品、新生产工艺的研发。

资本 vs 劳动

　　生产的四大要素：土地、劳动、资本和企业家。这四大要素对于商品和服务的生产都必不可少，而公司要发展扩大也必须要增加其中的一项或者几项。生产者通常追求利润的最大化，短期内为了满足需求的增加，公司会通过增加投入最廉价的生产要素来扩大产量，而通常这一要素就是劳动。公司扩张的第一阶段往往是通过让现有的劳动者加班的方式增加工作时长。如果需求的增长是长期的，那就需要聘用新的劳动力，最终，如果需求继续增长，生产者就需要投入更多的资本和土地。

但这一趋势在世界上很多地方都改变了，因为劳动力成本不断上涨，而其他类型的资本成本却在下降。现在对一家公司来说，投入更多资本，减少劳动力的使用是更加划算的做法，就比如汽车行业中，自动化已成为一种常态，因为相较于招聘大量的熟练工，直接安装机器和机器人——甚至是电脑机器人，然后只留一

图中有很多汽车却不需要人工安装——自动化的发展让这类工厂省下了一大笔工资。

小部分工人操作机器，成本效益更高。包装业是另一个例子。20世纪70年代，医药行业的大部分产品都是手工包装的。成排的非熟练工人一遍遍地把药片装进瓶子中。所有这一切都在传送带上进行，所有装好药片的瓶子会由下一位女工拧紧瓶盖，然后继续。像这样的流程现在大部分都机械化了。

机器替代人工的做法带来了很多争议。经济学家担心大批工人的下岗会带来商品需求的下降，这样的话，扩大生产也就没有意义了。有些行业为了节约成本则选择更廉价的劳动力，所以选择将工厂迁移到劳动力更便宜的国家。东南亚国家从这样的趋势中受益不少。不过西方国家，尤其是美国，常常要求这些国家贯彻国际劳工标准，并表示韩国在这方面做得尤其差。

古典经济学家反对国际劳工标准，认为这样的标准实际上影响到了比较优势。这些经济学家将劳动力看成是投入成本的一类，而打破现状则会让国际贸易体系效率变差。但也有人不同意这样的观点，他们认为，完成工业化的发达国家和发展中国家之间的工资水平相差太大，各个地区成本与效率之间已经不存在实际的联系了。

合并促发展

如前所述，公司发展的一种方式就是通过兼并或合并。兼并包括横向兼并、纵向兼并和混合兼并三种。横向兼并发生在同一行业中处于相同生产经营阶段的两家公司之间，如果福特汽车公司和通用汽车公司合并的话就属于此类。纵向兼并则发生在同一行业中处于不同生产经营阶段的公司间。纵向兼并分为两种，前向兼并和后向兼并。前者是供应商兼并其买方，比如汽车制造商兼并其经销商；后者则是买方兼并其供应商，比如报社兼并造纸厂。石油公司通常

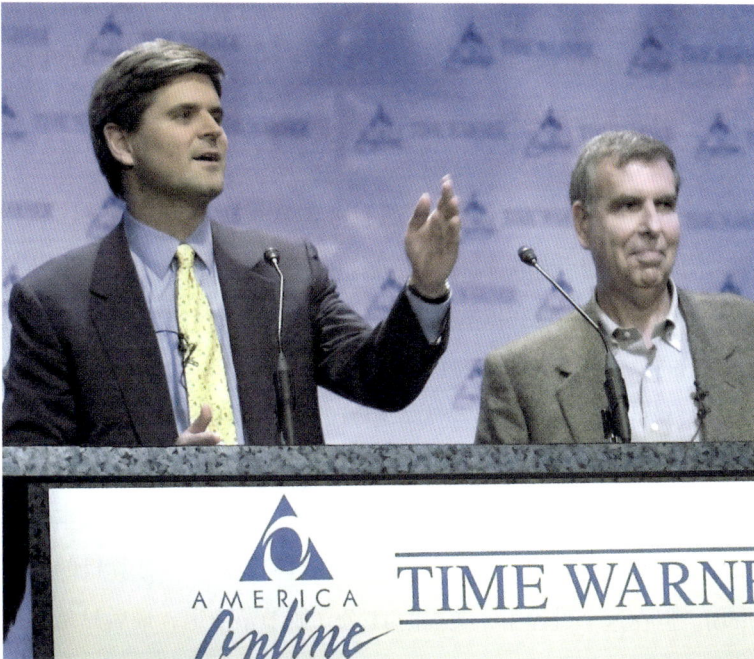

会开展大量纵向兼并，从而实现同时拥有油田、运输油轮、精炼厂和加油站等。

最后是混合兼并。进行混合兼并的两家公司没有共同的利益或是明显的交集。不同的公司合并的目的是为了保证供给或市场的资源，合并是小公司快速扩大规模的重要手段。大公司的优势很多，比如在高成本的研发项目融资方面，大公司就比小公司要容易很多。

计算机行业中的合并

在计算机行业中，合并在某些领域很重要。

2000年1月，美国在线公司（American On Line）董事长史蒂夫·凯斯（Steve Case，左）和时代华纳董事长杰拉德·莱文（Gerald Levin，右）宣布两家公司合并。

1945年第二次世界大战结束后，世界各地的计算机行业都才刚刚起步。当时计算机行业最主要的进展来自美国的宾夕法尼亚大学以及英国的剑桥大学和曼彻斯特大学，也就是说主要的技术进展都来自大学。

到了20世纪60年代，计算机行业的发展主要还是在美国和英国，同时日本也开始崛起。计算机公司在这些国家的发展模式不同，部分是因为当时（现在依然如此）各国政府对这一行业的态度和干预程度不同，这些差异导致的直接结果是电脑用户群体规模的不同。

最早的电脑几乎是完全为军用目的研发的。美国很快嗅到了数据处理的潜在商机。而日本在经历了第二次世界大战的重创后，一度拒绝任何军事方向的探索。不过从20世纪60年代开始，日本快速积累了大量信息技术的专业知识，并开始和美国争夺计算机的商业市场。但在这个过程中，英国的IT公司则节节败退，最后只是承接英国政府的防务合同。

计算机行业的发展高度依赖持续、大量的研发投入。日本的公司主要通过纵向合并扩大规模，从而获得研发的融资。许多日本的计算机企业的经营范围都覆盖生产过程的全部环节：自己生产零部件、组装并销售。

而在美国，唯一进行了纵向兼并的只有IBM一家。其他的公司都只专注于某一生产环节。这种市场结构完全得益于全球数据处理行业的快速发展，用户需要快速获得特定的服务。

在英国，计算机行业的成功则依赖于政府的防务合同。这些公司往往规模较大，需要长期融资，同时开展大量研究活动。获取英国政府订单方面最成功的是像拉卡尔（Racal）和费拉蒂（Ferranti）这样经过了合并的公司。

合并与兼并

合并实际上是兼并中的一种特殊形式，指的是两家及以上的公司合并成为规模更大的公司的过程。美国联邦贸易委员会在1998年6月16日于华盛顿特区发布的报告中显示，根据《哈特·斯科特·罗迪诺法案》（Hart-Scott-Rodino Act）向反垄断机构汇报的并购案例，从1991财年的1529起增加到1998财年的4500起。

美国联邦贸易委员会的皮托夫斯基（Pitofsky）教授认为，兼并活动的本质和动机已经发生了改变。20世纪80年代的许多兼并是靠"垃圾债券"完成的，许多所谓的公司袭击者为了获得现金流会选择一些行业毫不相关的公司进行兼并。被兼并的公司部分会被拆分出售，而公司整体的生产力则会因此骤降，失业率也会随之攀升。现在的兼并则主要是经济快速发展的结

图中的英国士兵正在指挥一台防空装备。他所佩戴的头盔瞄准装备由费拉蒂制造。英国政府的军费支出养活了很多企业，费拉蒂就是其中主要的一家。

果。皮托夫斯基教授认为，目前的兼并背后有以下这些原因：

• 竞争的全球化。对于大部分的产品和服务而言，世界各地都成为潜在的市场。在这样的背景下，兼并可以扩大国际分销体系，加深公司对当地市场的了解，利用规模经济和互补产品的优势。互补产品指的是存在消费依存的两类产品，比如光盘和光盘播放器、汽车和汽油等。

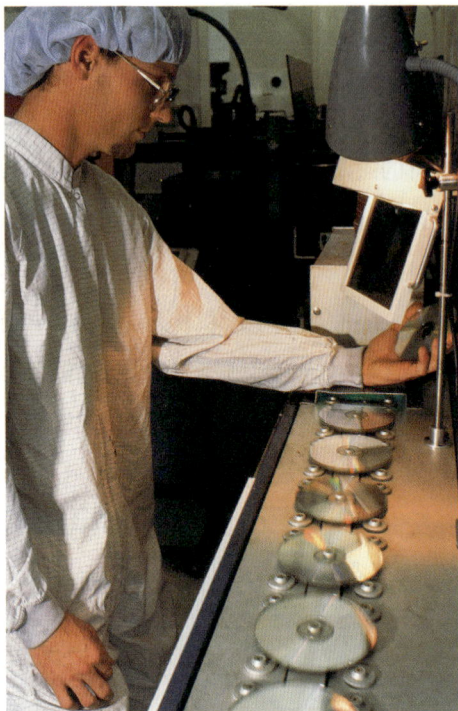

一家公司可以通过兼并生产其互补产品的公司来获益。光盘和光盘播放器就属于互补产品，消费者不太可能只买其中一样。

• 去监管化。最近几年，预计政府对行业的控制程度将减弱，也就是在去监管趋势的行业中，兼并活动也相应增加。美国的电力、通讯和银行业就在经历这样的变化。去监管化通常会让竞争加剧，同时会鼓励公司打破原来的行业边界。以银行业为例，银行现在提供的金融服务大大增加，除了传统的业务外，银行现在也开始提供保险和养老计划等服务了。

• 行业规模缩减和产业联合。这两点在20

世纪 80 年代和 90 年代早期更为重要，但目前对于国防行业也依然重要。国防行业中的许多供应商目前都面临订单和项目减少的情况。这些公司往往会将运营活动精简到最低水平（合理化改革），从而削减管理成本。

● 技术变革。一家公司可以通过兼并获得技术知识，通讯和医药行业尤其如此。

● 战略兼并。有时一家公司会将其直接竞争对手兼并，以便消除竞争或是提升市场份额。这类兼并很可能让兼并后的公司获得市场的主导权，同时因为行业集中度提高，公司间的合谋也会增加。

恶意收购

许多兼并和收购是收购方和被收购方双方都同意的，因为双方都能从中获利。但也有例外：少数情况下，有些公司不愿意被收购，可能是因为这些公司认为并购的条件对股东或员工不利等。

部分有名的恶意收购

一些恶意收购的例子：

AT&T 收购 NCR

通用电气资本（GE Capital）收购 Kemper

IBM 收购 Lotus

强生（J&J）收购 Cordis

Norfolk&Southern 收购 Conrail

希尔顿收购 ITT

恶意收购中有收购方和目标公司，有时还会有"白衣骑士"（White Knight），即目标公司更愿意与之合并的公司。在提出收购时，收购方会详细了解目标公司的弱点。

美国各州对于在册公司被收购都有相关规定。比如在纽约州，收购要通过须获得目标公司 2/3 以上股东的赞成票；而在特拉华州，除非公司另有规章规定，则只需半数以上股东的赞成票即可通过。当然，除此之外还有很多其他方面需要考虑，比如反垄断法的相关规定等。一旦收购要约公开，其他公司也可加入角逐，其中就可能包括白衣骑士。

因此，有人认为反垄断部分应该多关注这一类兼并。

- 金融市场方面的考量。20世纪90年代后期，低利率和通货膨胀带来了美国的一波投资热，股市随之水涨船高。许多兼并的资金来源都从现金的转移变成了股票的交换。

行业集中度

经济学家定义了不同种类的市场。根据竞争程度划分，一端是完全竞争，另一端则是垄断，而这两者之间还存在着比如寡头垄断和垄断竞争等不同的阶段。

1982年以前，市场的竞争程度都是通过行业集中度这一指标衡量的。这一指标将一个行业中规模最大的3～5家公司的市场规

赫芬达尔－赫希曼指数（Herfindahl-Hirschman Index）

1982年，反垄断组织开始使用赫芬达尔－赫希曼指数（HHI）而不是用行业集中度（Concentration Ratio）来衡量一个产业的集中度。这一指标是将市场份额的平方相加得出。假设某一行业中有四家公司，每家的市场份额相等，则：

$$HHI = 0.25^2 + 0.25^2 + 0.25^2 + 0.25^2$$
$$= 0.0625 + 0.0625 + 0.0625 + 0.0625 = 0.25$$

而如果用行业集中度来计算：
$$CR4 = 0.25 + 0.25 + 0.25 + 0.25 = 1$$

假设四家公司两两合并，两个指标分别会变成：
$$HHI = 0.5^2 + 0.5^2 = 0.25 + 0.25 = 0.5$$
$$CR4 = 0.5 + 0.5 = 1$$

HHI的值变大了，而CR4的值则没有变。

模相加，以此判断是否存在寡头垄断或完全垄断的情况。后来人们采用了赫芬达尔－赫希曼指数作为一种更准确的衡量标准。

行业的集中度各不相同，主要原因是各个行业规模经济效应开始减弱时的产出水平是不一样的。目前，我们可以登录美国各统计局的网站，获取美国各行业的集中情况。

根据相关的经济理论，一个行业集中程度越高，通常意味着该行业的竞争越少；而一个行业中公司的数量越多，行业的竞争程度也会相应地更高，违背公众利益的可能性也就越小。这一原则在"为什么美国的银行规模这么小？"中得到了说明。

为什么美国的银行规模这么小？

美国政府的政策刻意限制银行的发展，防止出现垄断。在1996年6月17日出版的《美国银行家》（*The American Banker*）中，卡尔瓦尼（Calvani）和米勒（Miller）解释道："美国的银行规模相对较小并非偶然，各州和联邦的立法者都有意阻止美国出现大规模的银行机构。禁止持有股权和跨州银行业务的命令、《格拉斯－斯蒂格尔法案》（Glass-Steagall Act）以及各州的银行法等，都带来了这个特定的结果。我们的银行规模小是我们有意为之的结果。"

位于美国加利福尼亚州洛杉矶市中心的美国联合银行大楼。

增长与网络效应

如前文所述，促进一家公司发展和增长的原因很多，而其中一大原因是网络效应。存在网络效应的市场会随着市场中人数的增加价值不断提升。这些行业中的公司希望通过进一步扩张吸引潜在用户。电话就存在网络效应：使用电话的人越多，其价值也就越高。其他的通讯类产品，比如传真机也同样适用。

存在网络效应的市场的特别之处就在于，它们的收益来自需求侧的增加，需求侧的规模越大，也就是网络越大，消费者就愿意付更高的价格；而不是来自供给侧的增加，通常供给规模的增加会降低生产的成本。对于这类市场来说，因为网络将消费者彼此连接，商品的市场价值也就会随之提高。这种连接可能是像手机或者传真机的例子中一样是真实的连接，也可能是抽象意义的连接，比如工会成员之间的连接。这种连接表明商品价值在未来还有不断提升的空间。

电话就是典型的具有网络效应的商品。

具有网络效应的市场还有一定的"所有权"。这里的所有权既可以是绝对的所有权，适用于存在实体连接媒介的网络中，比如电话线；也可以是抽象意义上的所有权，比如工会的情况。在后一种情况下，这一网络是由所有成员共有的，成员越多，这一网络的价值就越高；换言之，工会的规模越大，其议价能力就越强，也就能为其成员做更多的事情。这与生产中的规模经济效应是不一样的，后者是任何公司扩大规模都能实现的。

为增长融资

经济中的各个部门都在追求增长，而经济整体的增长则是政府的目标之一。总产出水平的增长是由国内生产总值（Gross Domestic Product, GDP）这一指标衡量的。政府必须在鼓励经济增长的同时控制通货膨胀（经济快速发展时容易加剧通货膨胀），要在两者之间取得平衡。消费者希望自身收入增加，从而能够购买更多商品和服务，提升生活水平。同样地，公司也希望经济增长。为实现这一目的，公司就需要增加土地、劳动、企业家精神和资本的投入。假如一家公司已经将它各项生产要素完全投入，要实现进一步增长就需要获得更多生产要素。

长期来看，各项生产要素都是可变的；但在短期内，至少有一项要素是固定的。增加各个生产要素的使用会扩大产出的规模。需要注意的是，金钱本身并不是一种资源，它代表的是对资源的所有权。想要实现增长，任何公司都需要获得额外的资金购买相应的生产要素。

利用留存收益融资

迄今为止，这种额外资金最廉价的来源就是一家公司自身的留存收益，不过前提是这家公司存在超额利润，因为正常利润会以红利的方式分配给股东或者其他的公司所有者。这意味着如果一家公司希望用其利润进行再投资，就需要取得一定的垄断力，因为在完全竞争的情况下，公司只会获得正常利润。传统企业会希望尽可能地扩张，以获得规模经济效益。留存收益是有限的，尤其是在扣除税款之后。

银行贷款

获得融资的另一种方式就是申请银行贷款。公司从银行借钱通常是为了度过短期的现金流短缺。银行预估公司有偿债能力后会允许公司透支一定的金额。但是长期向银行借贷有很大的劣势。这种融资方式不仅利息更高，银行也会希望在董事会派驻代表，从而对公司的经营方式有一定的发言权。这在贷款金额较大或扩张计划风险较大时尤为如此。

风险资本

风险资本的来源增加对于一家公司的发展而言非常重要。风险投资是给企业创立和发展阶段提供支持的一种高风险、高回报的投资。一家风投公司可能会募集大量资金，比如高达5000万美元的资金投资于公司的发展。这一类

美国有许多有名的公司都是依靠风险资金实现规模的壮大的，联邦快递（Federal Express）就是其中一家。

投资背后依托的法律框架是有限合伙制，参与这类投资的被称为有限合伙人（Limited Partners，LPs），而将这类投资投到公司经营管理上的则被称为普通合伙人（General Partners，GPs）。通常这样一笔投资，99％的资金来自有限合伙人，1％来自普通合伙人。

风投公司获得回报的方式通常有两类，第一是按年收取管理费用，这差不多是投资额的2.5％；另一种是获得投资资金净收入的一部分。具体方式通常是通过交易所投资公司的股票进行的。

风投资金的完整周期通常不会超过10年。第一阶段是募资，通常会持续6个月到1年的时间。资金来源可以是国家或企业养老金、公共或私人的捐赠以及个体投资者等。第二阶段是融资项目的收集和筛选并进行投资，这一过程通常持续3～6年的时间。这一过程中，风投机构会寻找需要投资的公司。第三阶段是获得投资的公司开始发展，一直持续到风险投资退出。风投机构会获得该公司的权益（股份或股权），并在董事会派驻代表。第四，也是最后一个阶段，就是风投机构将持有的股权卖出，获得投资的收益。

风投机构会根据以下四个基本标准筛选具有潜力的投资项目：

- 有成功经验的优秀管理团队。

- 公司所处市场发展迅速，潜力好。如果该公司面临竞争，那其所在市场必须有容纳至少两家公司的规模。公司的分销渠道必须是完备的。

- 公司的产品应当不存在技术风险且差异化明显。该产品应当利润率较高，同时有机会重复销售。同时该公司不应只有一种产品。

- 评估还包括从行业中退出的成本。无法收回成本的投资，即所谓的沉没资本，比如折旧带来的损失，应该被控制在最低程度。

风投机构往往会专注于某一行业。比较热门的领域有生物科技、计算机软件、通信和零售行业。同时，它们也会聚焦融资的一个特定阶段，比如有些重点是项目的初始阶段。不过一条通用的规律是，融资到了越靠后的阶段，风险也就越小。对于初创公司，预期是5～7年获得回报；而对于已经成型的公司，风投机构预期2～4年内就能获得回报。

对于一家公司来说，上市是最后一步，这也是风投机构可以通过抛售股票获得大量利润的时机。如果一家风投机构给一家公司提供了600万美元的贷款，以此换取了该公司40%的股权，那等到该公司市场估值达到1.5亿美元时，最初的这笔投资就价值6000万美元了。有许多著名的公司都是依靠风投资金发家的，其中就包括苹果、微软、网威和联邦快递。这些成功的案例在业界被称为"本垒打"投资，也就是最终回报达到了投资资金的20～100倍，甚至更高的投资案例。

纳斯达克（NASDAQ, National Association of Securities Dealers Automated Quotations, 美国全国证券交易商协会自动报价系统）的增长助力了金融投资在互联网上的快速发展。

发行股票

有限责任公司通过发行股票募集最初的资金。对这些股票的所有权也意味着对公司的所有权；当公司上市之后，这些股票即可在股票

把股票当作货币

　　有些公司用自家的股票为扩张融资：当它们收购其他公司时，它们不用现金，而是用自家的股票换取别家公司的股份。这种做法的一大优势在于卖方可以减少这笔交易需要交付的税款。

　　位于辛辛那提的辛塔斯公司 (Cintas Corporation) 就是典型的例子。1973年，它的销售额是100万美元，之后5年增长了5倍。到1999年年底，它的销售额已经达到了12亿美元，股票价值超过70亿美元。1984年到1998年间，辛塔斯用其价值7.16亿美元的股票收购了157家公司。1998年一年，辛塔斯就完成了48起总价值3.61亿美元的收购。

　　美国公司通过以股票代替现金购买其他公司股份的方式能有效帮助不同公司合并运营，但同时也会带来失业。1998年的3个月内，有210521个工作岗位因为这样的合并而流失。

市场上买入和卖出。当一家公司最开始发行股票时，会设定发行价。假如一家公司想募集5万美元的资金，它可以选择按照每股10美元的价格发行5000股。一旦股票开始在市场上流通，股票就有了市场价值，这一价值可能比发行价高，也可能比发行价低。股价最后会根据公司的表现情况而波动。

　　股市有两大组成部分，一级市场和二级市场。公司为募集资金会在一级市场发行新股票，由此募得的资金可以用来购买原材料、股本和招聘新员工等。投资者手中持有的已经发行的股票会在二级市场上交易。二级市场上的交易只会改变股票本身的所有者，公司本身不会从中获益。对公司来说，这样做只是使公司部分所有权易手了。

　　二级市场的存在对一级市场的成功是必不可少的。没有二级市场的话，投资者就无法收回自己的投资。二级市场的规模在不断扩大，并且受到了互联网的有力推动。美国家庭持有的股票主要都是

美国华尔街上这尊雕像是为了纪念1987年股市崩盘结束的牛市而建造的。

通过共同基金（Mutual Fund）管理的。共同基金通过筹集个人的小额资金进行大规模的投资。截至1998年年底，美国家庭持有的股票总价值达到8.8万亿美元，是1990年的4倍，与美国当时一年的 GDP 相当。有很多这样的个体投资者都是在网上购买的股票。他们通常缺乏投资的相关知识，也不会向专业人士咨询意见。令人担心的是，这一批新兴的投资者们目前只遇到过发展良好、处在经济上升期（牛市），却还没遇到过股价普遍下跌的熊市。衡量股票价值的道琼斯（Dow Jones）指数显示，1993年投资1000美元购买不同的股票，现在的价值分别是：

所有股票的平均表现：2760美元

投资标准普尔（Standard & Poor）股票：2900美元

投资纳斯达克（NASDAQ）综合指数股票：3340美元

1965年到1990年，持有股票的美国人在总人口中的占比从10%增长到了20%；1997年更是再翻一番，达到了43%。这一增长趋势也意味着公司可以募集用于扩张和增长的资金总量增加了。1995年到2000年间，公司通过首次公开募股（Initial Public Offering, IPO）总共募集了1830亿美元。

20世纪60年代到70年代的通货膨胀水平整体较高，因此投资者更愿意购买房地产这一类资产而非买入股票。随着工资水平提升，偿还债务的实际成本降低了，人们也更愿意贷款了。很多美国人都成了冒险者。1998年，美国民意研究公司（Opinion Research Corporation）开展的调研显示，投资者预期未来10年内，投资回报率可以达到年均17.4%。而过去的10年间，实际的回报率只有9%。通常，投资者年龄越小，收入越低，预期也就越高。对于这部分人而言，美国商业的发展对他们来说是快速致富的好机会。

全世界都关注纽约证交所中道琼斯指数的变化情况。图中展示的是加利福尼亚州旧金山展示道琼斯指数的场景。

现实中的企业

经济学理论中的案例往往都是理想化的，假设外部因素的影响恒定不变，所以无须考虑。但在现实生活中，企业必须根据快速变化的外部因素果断做出反应。

企业是生产汽车、电脑、加工食品等商品以及提供银行业务和通信等服务的组织的总称。它们会利用被称为生产要素的资源，即土地、劳动、资本和企业家，进行生产。企业开展生产活动的目的通常是实现利润的最大化，但经济理论认为在这个过程中，消费者的需求也可以得到满足。

这一理论是建立在一系列严格的条件和假设之上的，具体而言就是完全竞争的相关假设和条件。但实际生活中符合这些条件的公司很少。这一章里，我们就会看到在现实世界中企业采取的一些策略以及遇到的一些问题。大部分企业所处的市场都不符合完全竞争的条件，

一家企业里的许多企业：这家商场里的商店、咖啡厅等都是一家家的企业，而这座商场本身又是另一家企业在运营的。大部分人每天都要和企业打交道。

而企业为了实现扩大生产、增加利润的目标，就会对这一事实加以利用。

完全竞争 vs 垄断

经济学尝试解释社会如何解决用稀缺的资源满足所有人的需求这一难题的。相关的理论有不少，有些是经济学家都已认可的，但也有不少还在激烈争论中。

预测行为的理论

大部分经济学的概念都会用到现实经济中的一些理论案例或是模型，比如完全竞争模型和垄断模型。为求精准，这些模型一方面要足

尽管这些鱼是从海里打捞上来的，但在经济学属性上，这些鱼却是被归类为四大生产要素中的"土地"。

够简单，便于理论成型；另一方面又需要尽可能模拟现实的情况。

有关企业行为的理论往往只会考虑两个变量：产出的价格以及单位时间的产量。后者是衡量，比如一小时或者一天内，能生产多少商品的指标。在此基础上，经济学还进一步研究企业的产量应该设为多少，以及生产背后的动机是什么。

这些理论认为，产出的商品之所以有价格，唯一的原因是企业使用了资源（生产要素），而这一过程是有机会成本的，如果一项资源被用于一个目的，那它就不能用作他用了。如果世界上有充足的资源生产出一切人们需要的物品，那这些产品也就不会有价格了。

现实世界中企业的类型和规模多种多样。有些企业是独资性质，有些则是股东共同所有的。这些企业和它们的客户，也就是消费者们一起，共同组成了各种各样的市场。市场可以是实体的，比如一家商场；也可以是抽象意义上的，比如汽油市场。在市场中，不同的企业互相竞争，向消费者提供自己的产品。竞争的种类也很多，对于经济学家来说，定义两种极端的情况相对容易一些。这两种情况下的市场被认为是竞争程度的两个端点，一端是完全竞争（如前文所述），另一端是垄断。这两端之间就是不完全竞争的各种不同形式，也是实际生活中大部分企业所面临的情况。

完全竞争

以下是市场实现完全竞争需要满足的五大主要条件：

• 市场上存在大量的买家和卖家（比如消费者和生产者），而且其中没有任何一家能够达到可以影响产品价格的体量。

• 每家公司生产的商品必须是同质的，也就是说不同供应商生产出的同一产品必须都是完全一样的。

- 资源的流动性必须是完全的。必须能够在不同用处和不同市场之间自由转移土地、劳动、企业家和资本。

- 买方和卖方都必须对市场有着充分的了解。这就意味着所有的买方和卖方都知道每一家供应商提供的商品数量和价格，以及不同价格下消费者对于商品的需求量。

- 进入或退出市场必须没有障碍或成本。

只有满足了以上五个条件，一个行业才能说是存在完全竞争的。任何一个条件达不到满足都不能算，而且这样的情况下资源的分配也必然不是经济效益最高的。

经济学家有时会争论，现实世界中是否真的会存在完全竞争。其实，最接近完全竞争条件的可能是股市。股市中流通的股票是企业资本中用于销售的部分，股市由企业股票的卖家和潜在买家组成。由于现代信息技术的出现，

一条繁荣的街市可能是比较接近完全竞争的，没有一个商家的体量大到可以操控商品价格的程度。

135

可以认为卖方对市场信息的掌握是近乎完全的。但实际上，能满足这些严格标准的市场即便存在也是屈指可数的。正因为现实世界中存在的这些不完美，企业采取的策略和行动往往和根据完全竞争理论推断的结果大相径庭。

垄断

垄断是指一种商品或服务只有唯一一家企业提供的情况。这一概念很大程度上也是仅存在于理论中的，现实生活中这种情况也非常少见。不同国家在不同时期对于垄断的法律定义不尽相同。拿美国举例，《谢尔曼法》第二节表示，垄断本身并不违法，违法的是对贸易的垄断。符合以下两个条件的才会被判定为垄断：

- 企业存在独立定价或排除一切竞争的能力。
- 企业有意保持或获得这种能力。

1945年，美国诉美国铝业公司（Alcoa）184 F 2 d 416一案具有里程碑意义。该案判决中，法官认为，当一家公司掌控一种商品90%的供应量时，已经足以被判定为垄断；60%～64%只是有垄断的嫌疑；33%显然并不应该被认为具备了垄断能力。

这是一幅美国的讽刺卡通漫画。垄断企业在图中被描绘成一只饥肠辘辘的大章鱼，它会先用触角把周围的一切碾碎再一口吃掉。

在英国，被判定为垄断的企业或是一家企业占据至少25%的市场份额，这种情况被称为规模垄断；又或是有多家企业占据至少25%的市场份额，同时他们的行为阻碍了竞争，这种情况被称为复合垄断。

反垄断法

经济理论认为，垄断不利于消费者，因为垄断企业可以任意制定高价，从而获得超额利润。大部分发达经济体都已制定相应法律法规，限制或控制垄断这一通常不受欢迎的情况出现。

在美国，最早的反垄断法颁布于19世纪。联邦政府层面，美国司法部的反垄断局负责反垄断相关法律法规的诉讼。各州也有自己的反垄断法。这些法律法规的历史目标是通过鼓励市场中的竞争，保护美国的经济自由和机遇。美国针对反垄断的联邦法律主要有

美国联邦反垄断的法律

颁布于1890年的《谢尔曼法》（The Sherman Act）奠定了美国作为一个自由市场经济的基础。美国议会对待这一法案非常认真，当时只有一票反对票。该法宣布所有限制跨州贸易的合同或密约都是非法的，同时也禁止了跨州贸易中的垄断行为。该法仅在企业通过非竞争性手段获取了市场份额的情况下才会加以干预。违反该法的行为都属于刑事重罪，个人最高可被处以35万美元的罚款和3年的有期徒刑；企业最高可被罚款1000万美元。

《克莱顿法》（The Clayton Act）属于民事法，不涉及刑事处罚。该法最早于1914年通过，并在1950年进行了重大的修正。该法禁止开展任何减弱竞争的兼并或收购行为；一旦经济分析表明产品价格有可能上涨，政府就会对相关兼并提出质询。超过一定规模的兼并需向美司法部反垄断局和联邦贸易委员会申报。《联邦贸易委员会法》（The Federal Trade Commission Act）也属于民事法，联邦贸易委员会（The Federal Trade Commission, FTC）依据该法设立，禁止跨州贸易中任何不公平竞争的行为。

《谢尔曼法》《克莱顿法》和《联邦贸易委员会法》。

英国的垄断情况

针对垄断、兼并等情况，不同国家的应对方式不同。英国从1948年以来，负责反垄断事物的就是垄断和兼并调查委员会（Monopolies and Mergers Commission）。不过美国的司法部是有权力起诉违法企业的，英国的垄断与兼并调查委员会却往往只起到政府大臣的咨询顾问职能，它只会根据议会通过的各种法令，向政府大臣提议在不同情况下最好的选择。委员会常常被人批评，因为它会接受企业宣称自己不会垄断的保证，以及在企业合并时，也就是两家或以上的企业合并成为一家规模更大的企业的行为，委员会往往认为这样的兼并活动是符合公众利益的。

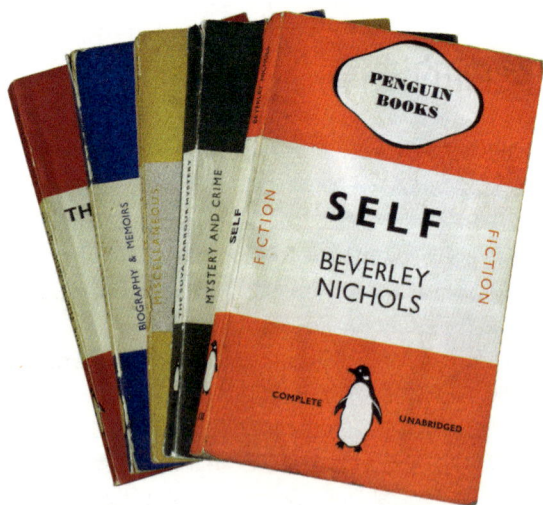

企鹅出版集团（Penguin Books）最初是一家出版廉价平装书的独立英国出版商，最终演化成了一家庞大的跨国集团。

企业如何发展和竞争

企业会根据市场条件的不同制定不同的策略扩大自己的市场份额（自身生产的商品总量与行业中其他企业的产量的比较），并与其他企业竞争。很显然，如果能降低成本，企业的竞争力就会更强。如果一家企业生产同一件商品的成本比其他企业都低，那这家企业或是可以获得更大的利润，或是能够通过降价占据更大的市场份额；至于是否能够保持这样的高利润或市场份额，则取决于其他企业进入该市场的容易程度。下面我们就来具体看一看。

规模经济

若可以实现规模经济，企业就有可能降低成本，从而更有力地去竞争。规模经济效应会在商品产量提升的时候降低单位产出的成本，这对于大规模生产而言至关重要。假如一家企业生产的是汽车，那么在工厂里搭建一整套的机械设备就是很大的一笔初始固定成本，而一旦这套机械设备顺利运转下来，生产每一台汽车的成本是相对固定的。如是，这座工厂生产的汽车越多，制造商获得的利润就越大。

第二次世界大战之后，信息技术（IT）产业在美国、英国，以及稍晚在日本的发展给这一行业带来了巨大的改变，尤其是帮助这些国家实现了生产过程中更大程度的规模经济效应。继续以汽车行业为例，IT技术的发展让一家企业可以在生产线上用上先进的机器人，同时也通过巨大的技术发展让电脑本身更加普及和廉价。

下面是一家现代企业实现规模经济、获得更强竞争力的其他主要方法。

专业化分工

随着生产规模的扩大，工厂的工人往往会被分配到更具体、更重复性的工作上，他们也因此会对手头的工作更加熟练和专业。这样一来，企业就有可能在不同的技术领域分派大量的专业技术人才，也就有更多机会引入新资本。

不可分性

不可分性指的是用于生产特定产量的商品所使用的机器或运转的工厂。在销量较差、库存又较多之类的情况下，即便降低产量，生产成本也不会降低。值得注意的是，更大、更快的机械设备的生产效率往往更快，这是一条更普遍适用的规律。

集装箱原则

扩大规模经济的一种方式就是将货仓这类存储区域加以设计，使其能存储最大量的货物。根据集装箱原则，存储区域的面积扩大两倍，可以存储的货物数量会增加超过两倍。

副产品

大规模生产会带来很多废旧材料，如果能将这些材料加以利用，从而获得盈利，无疑是对公司有好处的。

多阶段生产

一家大型工厂可以同时开展一件商品的多个生产环节工作，从而节省运输的成本。

摊薄成本

部分固定成本和实验室这样的场所租金可以平摊到更多的产出上，以此提高企业利润率。

金融经济

大企业往往会比小企业拿到利率更低的银行贷款，因为它们被认为风险更小。

大宗采购

企业可以通过大批采买原材料，拿到原材料的折扣价，从而降低生产成本。

公司的持续发展和成功很大程度上取决于吸纳大学人才的能力，尤其是科学家。

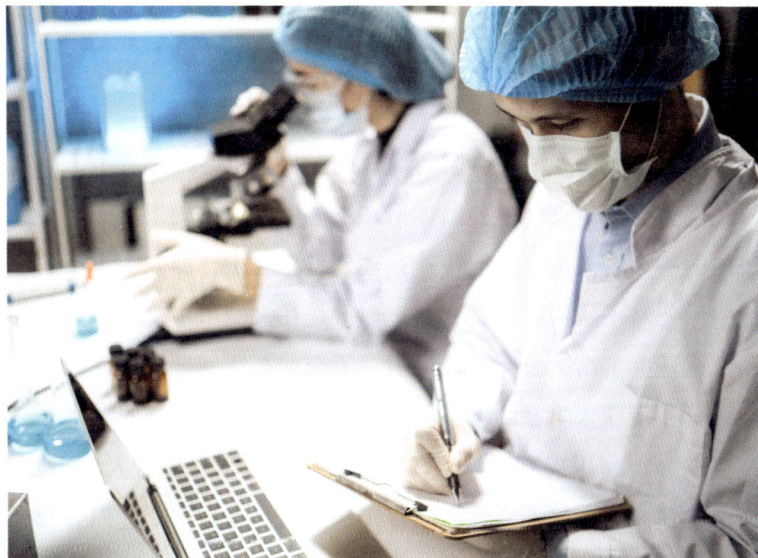

网络经济效应

一些行业依赖并利用网络效应扩大经营。网络的存在才能带来显著的规模经济效应，所以网络是这些行业生产和消费环节中重要的一部分。交通运输、通信网络和支付系统都属于这类网络。网络有两大特点，一是满意度，又称为效用（Utility），个人在网络中获得的满意度或效用会随着加入网络的人数增加而提高；另一个是生产的相关技术，新加入网络的企业会带来新的技术。

电话系统是典型的网络，使用这一系统的人越多，其对于用户来说就越有用。生产商需要让自己的电话产品与系统适配，同时要为之开发新的配件。这就是规模经济。

一张网络可以看成是由无数链接相连的一系列节点。铁路或者高速公路是由连接目的地（节点）的铁轨或道路（链接）组成的。类似的例子还有很多，油气管网、水利系统、数字化的航班预订体系，这些都是一张张的网络。而具有网络效应的商品则包括支票、零售终端系统、银行借记卡等。这里的节点就是银行、商家和消费者。

一些情况下，网络会阻碍商业的发展，也会带来政治上的争议。汽车的便捷推动了公路体系在发达经济体中的发展。这类经济体的一大特点是商品能快速运输到各零售点，即大大小小的商铺中，公路正是运输的重要通道。但是在大城市中，越来越多的私家车开上了高速公路，最终引发了交通拥堵问题。这就是网络被过分使用导致阻塞的例子。这个例子中，一个可能的解决方案是更充分地利用现有的铁路体系进行货物运输，但有人却担心，因为这种运输方式不能将商品直接送到销售点，整个过程会变得更慢、更低效。

美元硬币的失败

网络经济效应的一个著名案例就是美元硬币的失败。美国和加拿大都曾尝试过引入硬币。美国发行的苏珊·安东尼 (Susan B. Anthony) 1美元硬币通常被认为是失败的，因为它的设计和25美分的硬币实在太像了。

失败背后的原因其实可以从自动售货机的网络效应解释。1美元的硬币可以让售货机上较高额的交易变得更加容易，但前提是自动售货机的经营商先要花钱改造机器，让它可以接受这一硬币；而经营商改造的前提是大众都在使用这些硬币。但同样地，民众也只有在看到这种硬币被广泛接纳的时候才会开始使用。很显然，双方的这些预期都没有达到。加拿大政府做了更多的工作，比如回收1美元的纸币，但也还是遭遇了同样的困境。当然，1美元的硬币最终还是被人们接受了。在英国，1英镑的硬币刚发行时也遇到了同样的阻力，当时苏格兰还保留着英镑纸币。

美元硬币最早在美国发行时并不成功，部分原因就是没有形成网络效应：人们在不确定其他人是否会使用这些硬币之前自己是不会想要使用的。

网络私有化

铁路系统在很多国家都是政府所有的，这种集中控制的网络也往往被认为是更高效的。但反对者则认为，铁路系统私有化（也就是由公司而非政府所有）可以让这一网络更具竞争力，也更加高效。在交通体系的私有化的相关举措中，其中就包括英国在公交车服务上的去监管化措施，比如取消部分法规以鼓励竞争，同时将部分相关设施私有化。

最新出现的，也是最具颠覆性的网络，就是互联网了。这一连接计算机的全球网络实现了便捷的直接沟通，同时也具备了让企业触达新市场、开展新的贸易机会的潜力。许多供应商现在都在互联网上提供商品和服务。

精简规模

有些经济学家认为许多企业在20世纪50年代至60年代间招聘了太多员工。经济是由需求驱动的，强劲的消费需求会推高商品价格，增加商品的稀缺性；而在很多国家，工会拒绝接受旨在减少生产成本的一些工作方式的改变。因此，在之后的20世纪70年代至80年代，公司采取了更多减少成本的手段。

其中之一就是通过精简生产规模，减少劳动力的规模。精简规模是通过裁员、员工流失（自然缩减，比如员工离职后不补缺）和提前退休等手段有意减少员工数量。

精简规模往往和企业的衰落挂钩，因为往往是业绩差、无力负担原先员工规模的企业才会精简规模。企业合并时也会精简规模，因为部分工作职能出现重叠，冗余的人力就会被裁减。这种做法会降低企业的日常支出（房屋、设备、电力等的成本）和生产成本，减少内部的层级，加速决策。

H.F. 斯坦（H.F. Stein）在1996年对1000家美国企业进行了调研，他发现只有其中22%的企业通过精简规模提升了生产率（劳动者的人均产出），15%减少了内部层级，而不到25%的企业增加了股东（持有企业股票的人）的分红。精简规模作为一种管理手段受争议：这种做法最后往往会让留下的员工感到不满、不安全且对企业充满敌意，这一做法对于社区和社会整体的影响也不能被低估。同时，留下的员工往往也会发现自己无法胜任新分配的任务，所以最终企业还是要聘用新员工。

但就和其他的现代技术进展一样，互联网在带来崭新机遇的同时也带来了一系列的问题，其中最严重的就是互联网上支付系统的安全问题，如诈骗犯会利用网上的信用卡信息开展非法交易。随着复杂的加密技术和用于商业、法律文书授权的电子签名技术的出现，这一问题得到了一定程度的解决，但是安全问题始终是互联网商业发展中人们最大的顾虑所在。

对隐私的需求

世界经济繁荣兴盛的同时，互联网和基于计算机的全球通讯体系的快速发展也让隐私的重要性越发凸显。许多国家都已经出台了数据保护的法律法规来加强对人们隐私的防护。但是在一些根本性的问题上，美国和欧盟国家却存在着分歧，比如隐私如何定义，以及如何才能最好地保护隐私。这些问题的妥善解决不仅关乎数以亿计的贸易收入，也关乎消费者对自身安全的信心。

在企业与劳动者的利益不一致时，工会就显得非常重要。

商业发展的资源限制

在完全竞争的情况下，资源的流动是完全的，土地、劳动、资本和企业家都能在不同市场间自由移动，但这在现实生活中很难实现。很多市场中，能否获得相关生产要素以及生产要素的流动性如何都会成为企业是否能够扩大经营、利用规模经济和网络效应的关键影响因素。

劳动力不流动

计算机和信息技术的发展带来了典型的劳动力不流动的问题（劳动力是关键的生产要素）。经济学家将劳动定义为人类的体力和脑力的活动。第二次世界大战后各行各业立刻出现了对脑力劳动的需求，当时 IT 产业刚刚起步，需要汇集大量的专业人员。当时，他们主要集中在美国的宾夕法尼亚大学以及英国的剑桥大学和曼彻斯特大学。

在大学或其他卓越中心（Center of Excellence，COE）工作的学者们轻易不会去其他地方的商业中心工作。他们要的不仅是高薪，还有国际的知名度。正因如此，需要额外培训技术人员，而这是需要时间的。当然，劳动力不流动还有其他原因。比如想与家人和朋友待在一起，去其他地方工作可能会有额外的花费，比如找住处和给孩子找学校都会有困难。对于劳动者来说，换地方工作不是一件小事。

随着新产业的发展，有时工人的技能会和新的工作要求不匹配，最典型的就是随着工作场所应用了越来越多的高科技，很多行业现在都要求其员工具备与计算机相关的技能。这种技能的不匹配是结构性的问题，只能通过再培训加以解决。各国政府都在努力增加劳动力的流动性，其中一种常见的做法就是让劳动者接受更好的培训，同时对待工作方式的态度更加灵活。

资本不流动

土地和资本这两类生产要素在不同市场间的流动性也可能很差。在经济学中，"土地"一词包括各类自然资源，比如矿物、木材和水资源等；而"资本"则包括各类人造的资源，比如机械设备、工厂和股票等。金钱让人们有能力购买这些资源。

如果一家企业参与的是完全竞争，那它就可以随时按照市场驱动的价格买到土地和资本，不会有单一的一家公司有能力影响这些资源的市场供应情况。实际上，这种情况即便存在也是很罕见的，通常情况下，不同的群体都有一定的经济能力，比如大型的雇主、工会、地主和大资本家，他们都有能力影响市场为自己谋利，从而在国民收入中占据更大的比例。

不完全竞争

正因为有些团体有能力影响市场，这意味着很多市场实际上是不完全的，这些市场中进行的是不完全竞争。这种竞争中最重要的两个例子是垄断竞争和寡头垄断。

垄断竞争

美国经济学家爱德华·钱柏林（Edward Chamberlin）首先在20世纪30年代对垄断竞争进行了描述。这一市场中的每一家企业都有一定的影响力，可以自行定价。与垄断不同的是，垄断竞争中需要有大量的企业，每家企业在整体市场中都占据一定的份额，对其他企业的影响也极其有限，因此不必担心竞

在纽约开出租首先要拿到运营牌照，而这不仅是进入这一市场的门槛，也是相关机构盈利的一大来源。

争对手会如何回应。这种情况也叫作各自独立。

垄断竞争的前提是进入市场的自由，任何想进军这一市场的企业都必须能做到这一点。比如一条街上卖一种商品的店已经有好几家了，这时还有一家企业想卖这种商品，它依然可以在这条街上开一家这样的店。

垄断市场中的产品是不同质的，也就是一家企业生产的产品与别家企业生产的同一种商品是不同的。差异化的产品包括汽车、电脑和软饮等，这些产品也通常会建立消费者对其品牌的忠诚度，比如让用户更偏爱某一品牌的肥皂粉或可乐，从而只买这一家的产品。一旦建立起消费者的这种忠诚度，公司即便小幅提高产品价格，也不会损失所有的消费者。

超市里的购物者可能会在好几个品牌中选择一件商品；如果价格差异不大的话，最终起决定作用的可能就是消费者对品牌的忠诚度了。

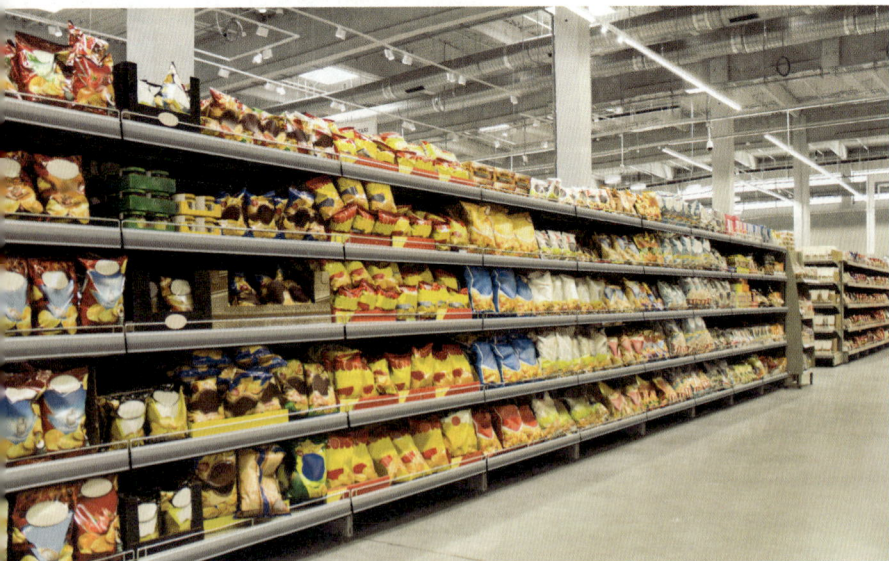

寡头垄断

竞争的一种可能形式是寡头垄断，这一词的英文"oligopoly"来自希腊语的"oligos"，意思是"少量"，"poleein"意思是"售卖"。寡头垄断下，少数几家大型的企业提供了所在行业绝大部分的产出。存在寡头垄断的一些行业包括汽车、早餐麦片和航空业等。这些行业大体上相类似，但在具体细节层面上还是有很大不同。有些行业，比如化学品、汽油和医药行业，同一行业不同企业生产的产品可能是几乎完全一样的；而有些，比如汽车和计算机行业，不同企业生产的同一类型产品差异非常大。这种产品的差异又为消费者品牌忠诚度的建立提供了可能性，也是企业努力尝试的方向。

因此，寡头垄断下的企业竞争往往是围绕产品的营销手段展开的，也就是用什么方法说服消费者购买自家产品。垄断竞争的特点是存在进入壁垒，且这一行业中的企业互相依赖。

进入壁垒

在完全竞争情况下，因为不存在进入壁垒，即便一个行业中已经存在很多企业，新的企业也可以轻松地成立。也因此，商品价格高和高利润都只会是暂时的。如果一家处于完全竞争下的企业在短期内通过抬高商品价格获得了利润，那从长期看，等到新的企业进入这一行业后，就会将商场价格和利润拉低。而在垄断竞争下，由于存在着显著的壁垒，新企业的进入没有这么快，这就使得原先存在的企业可以在相当一段时间内获得超额利润。

进入壁垒分为两类，法律壁垒和技术壁垒。这些壁垒的牢固程度因行业而异。以下是最重要的几种技术壁垒。

专利和版权

一家企业或个人研发出一款新产品后可能会通过申请专利或版权的方式来保护其所有权。专利可以保证持有人对一项发明拥有若干年的专有权；专利过期后，任何人都可以对这项发明加以利用。比如强生曾为对乙酰氨基氨酚——一种非阿司匹林类的止痛药——申请专利。当专利过期后，其他企业也可以生产和销售这一药物，只不过不能使用强生已经注册的商标"泰诺"（Tylenol）。版权为特定的知识产权所有者也提供了类似保护。这里的知识产权包括文学、音乐和艺术作品，以及计算机软件。关税和其他的贸易限制手段则可以限制他国的产品进入本国。

执照和特许经营

另一种法律壁垒是政府授予的特许经营权。行医、开展法律工作、开出租、捕虾和管道工等行业，在美国往往需要首先获得政府的许可或拿到相应的执照才能经营。虽然有人认为这种制度安排可以保护民众免受无良从业者的侵害，是有必要的，但也有人认为，这种做法限制了竞争，从而导致相关的产品和服务价格更高。

自然垄断

有时市场的进入壁垒是由于自然垄断的存在。如果一个行业中存在多家企业会导致产品或服务价格更高，那只存在一家企业的情况就是更受人们欢迎的，公用设施就属于这种情况，是一种典型的自然垄断。在公用设施上，政府往往会特许一家公司经营，但又会调控价格，防止该公司滥用其垄断地位。政府会将价格设定在公司可以获得正常的利润率的水平，但也仅此而已。这种调控行为被称为"平均成本定价",是公用设施领域,比如电力和有线电视等行业非常通用的一种做法。政府有时也会选择自己直接运营,而非特许经营。美国的邮政服务就属于这种情况,供水系统和垃圾回收通常也属于此类,政府也会用平均成本定价的方法对其提供的产品或服务定价。与私有公司不同的是,国有企业不需要通过赢利维系公司运转,但也正是因为没有赢利的动力,这些公司也常常受到批评,认为它们没有尝试按照最低的成本提供最好的服务。

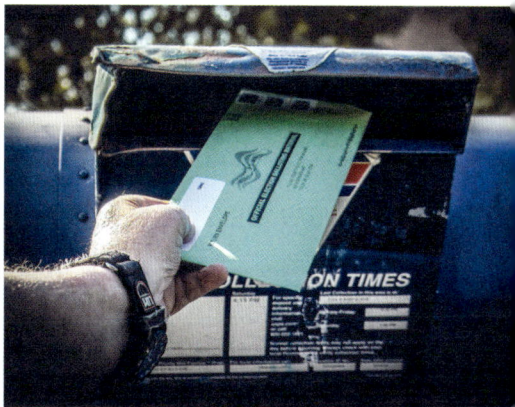

美国联邦政府决定,邮政这项重要的服务要由政府承接而非交由私营部门。

技术壁垒

除了法律壁垒外,有些行业因其经济性质和特点,还存在技术壁垒的限制。

进入市场的壁垒可以体现在对生产要素的所有权或者控制权上。举个例子,假设有一位企业家注意到钻石市场有利可图,那他就需要先获得一座钻石矿。但不幸的是,戴比尔斯钻石公司(De Beers Diamond)早已掌控了世界上80%的钻石矿,该公司也不会把这些矿场卖给任何的潜在竞争对手。一家或少数几家企业对关键投入的控制本身就可以构成进入该行业的壁垒。与钻石行业类似的，镍、铝、硫黄和石油行业也都是通过控制关键投入阻止新的企业进入。

另一种技术壁垒是现有企业在新企业出现时会降价以对新企业产生威胁，也叫作限制性定价。如果潜在的新企业认为这样的威胁是可信的，现有企业降价是有可能发生的，那这种做法就会形成非常有效的进入壁垒。这就要求现有企业有闲置产能，能够在潜在对手出现时轻易提高产量、削减价格。

现有企业也可能通过大规模的广告活动来获取在行业内的主导地位，潜在的对手往往无法拿出同样规模的广告预算，也因此无法与现有企业抗争。

对于像钢铁和汽车制造这样的重工业而言，因为初始成本高、大企业往往又存在规模经济效应，小企业很难发展壮大，与大企业竞争。

其他壁垒

以下是其他一些可能阻碍一家新企业进入成熟市场的阻碍：

• 品牌忠诚度。后来者往往发现消费者对一些品牌有很大的忠诚度，在这种情况下，竞争就意味着，自家产品的定价至少在初期要比老牌企业的成本价还低。广告活动可以加强消费者对品牌的忠诚度，但这非常烧钱，也因此是另一个可能吓退竞争者的因素。

• 老牌企业的成本更低。在生产和营销上，老牌企业已经积攒了相当丰富的经验和技术，而新企业则要重新积累，并要付出相应的成本。

• 兼并和收购。老牌企业可能会直接将新企业收购或合并，以此消除任何可能动摇它们主导地位的威胁。

• 威胁。有些企业会采取合法甚至非法的手段骚扰、威胁行业里的后来者。

企业的相互依赖

在寡头垄断的市场中，企业的数量必然是不多的，因此每家企业都需要对其他企业的行动加以考量。比如说，一家企业调整了其商品价格，这一商品的需求量会受到直接影响。通常情况下，价格变高，销量会减少；反之，销量会上升。如果这家企业选择的是降价，那其他企业或是保持原来价格不变，或是也降价来竞争。因此在寡头垄断的情形下，了解并预测其他企业的动向是至关重要的。

卡特尔

寡头垄断市场中的企业彼此依赖，所以这些企业或是会互相串谋，或是会互相竞争，尽力提升自身在行业中的市场份额。如果选择前者，那就意味着这些企业会共同决策、共同行动，也就实质上形成了一个更大规模的垄断组织——卡特尔。

企业间串谋后会在价格、市场份额、广告营销和其他的商业策略上达成一致，以满足各方的利益。如果是通过签署正式的协议达成的一致，结果就是带来了被称为"卡特尔"的组织。

进出一个行业的成本越低，也就是从进入壁垒的角度而言的广告营销等成本越低，寡头企业就越难相互串谋或获得超额利润。不过，卡特尔一旦形成，要想进入这一行业就会变得困难，因为卡特尔有各种手段保持其主导地位，比如设立共同的研究实验室或者买断所有的分销渠道。因为完全竞争的市场不存在进出的成本，自由竞争的支持者认为这样的市场可以减少串谋的可能性，为消费者带来好处，因此是符合公众利益的。

欧佩克和卡特尔理论

欧佩克（OPEC）是石油输出国组织（Organization of Petroleum Exporting Countries）英文单词首字母的缩写。这一组织在2022年由13个成员国组成，分别位于非洲（阿尔及利亚、安哥拉、刚果共和国、赤道几内亚、加蓬、利比亚和尼日利亚）、中东（伊朗、伊拉克、科威特、沙特阿拉伯和阿拉伯联合酋长国）和拉丁美洲（委内瑞拉）。这一石油卡特尔通过操纵原油价格为其成员国谋利。

对欧佩克的研究对于理解卡特尔的本质很有帮助。经济学理论认为，行业中企业间如果提前串通好，限制产量、抬高价格，最终获得垄断利益，这是符合各个企业的利益的。但一旦形成了，这样的卡特尔往往是不稳定的，因为组成卡特尔的每一家企业都有动机欺瞒组织，私下提高自己的产量。如果一个卡特尔组织里有太多家企业都这么做，企业之间的协定就会被破坏，行业整体产量就会增加，价格下降，利润也随之下降。这说明，卡特尔要发挥最大效用需要满足这些条件：参与的企业数量较少，很容易找到违约者并加以处罚，存在进入卡特尔的壁垒。

正如经济学理论所预测的，欧佩克在维持高油价上曾经有过一段非常困难的时期。欧佩克的历史就是不断签订限制产量和提高价格的合同，但同时又一次次出现违约的历史。同时，非欧佩克成员国，如墨西哥、英国和挪威等国石油产量在不断提高，这也成为欧佩克的一大挑战。

欧佩克是由产油国（主要是中东国家）组成的强大的卡特尔。

非正式串谋

通常卡特尔会给每一位成员定下销售的配额，也就是每一家企业可以销售的商品数量；一旦一位成员的订单量超过了这一配额，多余的订单就要转给其他成员。这种类型的串谋不需要签订正式的协议。非正式的串谋包括寡头垄断下的企业默认彼此不会降价或者过度营销。行业里也可能存在一些不成文的规定，比如有些企业在营销策略上会追随行业中的龙头企业；又或者若干企业私下达成协定，决定在不同的市场条件下制定不同的定价策略。很显然，这些行为对企业是有利的，对消费者则未必。

串谋

　　许多国家都会开展有关企业串谋的研究，其中英国埃塞克斯大学（University of Essex）的研究者就利用曾经英国制造业的相关数据开展了相关研究。研究发现，当时英国近一半的制造行业都存在严重影响竞争的协议。这些协议虽然大部分并不违法，但从法律角度上讲也是无效的。

　　他们同时研究发现，在广告支出较高的行业中，串谋现象更加少见。同时也有少量证据表明，研发成本高的公司参与串谋的可能性相对较小；而资本密集型的行业，也就是更依赖机械设备而非劳动力的行业，串谋现象发生的概率较大。公司营业额的增长速度也是一大影响因素。营业额增长特别快或者特别慢的公司都不太会参与串谋，而这一增长速度中等的公司则更容易串谋。

寡头垄断理论

　　经济学家通过广泛的案例研究发展出了一系列理论，对寡头垄断市场中的企业行为进行预测。

　　1939年，经济学家保罗·斯威奇（Paul Sweezy）、R.L. 哈勒（R.L. Hall）和 C.J. 希契（C.J. Hitch）共同提出了有关非串谋的寡头垄断的理论，试图解释寡头垄断下公司间相互竞争时的行为。

拐折的需求曲线

　　这一理论后来被称为"拐折的需求曲线"（kinked demand curve）理论。需求曲线上的拐点即当前的价格，即均衡价格。

如果企业从图9P_1点提高价格，其产品的需求量就会下降。图中拐点以上的需求曲线相对弹性更大，也就意味着提高价格会带来销量更大幅度的降低，所以其他企业不会跟着涨价。而如果一家企业从P_1点开始降价，因为该点以下需求弹性更差——

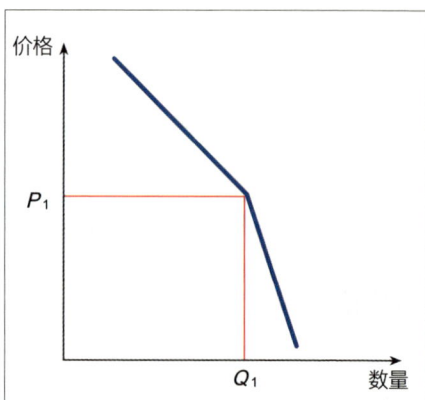

图9　拐折的需求曲线

斜率更大，这时其他企业也会竞相降价，避免损失。由此可以推断出，这种情况下企业降价无法获得更大的市场份额。

这一理论最大的缺点就是没有解释均衡价格本身是如何形成的。同时，在高通货膨胀的情况下，也就是物价普遍上涨时，这一理论会变得非常复杂，可信度也就打折扣了。这种情况下，寡头为了抵消成本的增加会选择涨价。

博弈理论

另一种对寡头垄断进行解释的是博弈理论，是最早在1944年由数学家约翰·冯·诺依曼（John von Neumann）和奥斯卡·莫根施特恩（Oskar Morgenstern）提出的。这一理论并不认同企业相互依赖的假设，相反，该理论认为企业会对竞争做出非常巧妙的回应。因此，博弈理论是一种研究寡头企业根据它们对于竞争对手行为的假设可能采取何种应对策略的方法。表1中的例子是一种被称为简单支配的策略博弈。假设有两家公司，X公司和Y公司，两家公司在同一市

表1　X公司和Y公司在不同策略下的利润情况				
		X公司的价格		
		2美元		1.8美元
Y公司的价格	2美元	A　各自获利1000万	B	Y公司500万 X公司1200万
	1.8美元	C　Y公司1200万 X公司500万	D	各自获利800万

场生产相同的产品，产品的成本和需求量也都一样。表中列出的就是在 A、B、C、D 四种不同策略下，两家公司各自获得的利润情况。

　　若假设两家公司都采取策略 A，定价2美元，那他们的盈利都会达到1000万美元，市场整体的利润会达到2000万美元。

　　接下来，让我们假设两家公司各自都考虑降价降到1.8美元。在正式决策前，两家公司都要清楚对方可能会对自己的降价作出何种反应。X公司知道Y公司可能会有两种回应方式，或是跟着自己降到1.8美元，或是维持2美元不变。

　　如果X公司比较谨慎，它会预测Y公司可能的选择。如果X公司维持原价不变，Y公司降价对X公司而言就会是非常糟糕的情况，也就是C策略，这一策略下X公司的收益会降至500万美元。

　　如果X公司选择降价，Y公司也降价同样也是一种非常糟糕的情况，但这种情况下，X的利润仅仅是降至800万美元（策略D）。如果X公司比较谨慎，它会选择降价；同样地，Y公司如果谨慎也会选择降价。这种决策的方式叫作"最大最小原则"（maximin）：让自己的最小收入尽可能地最大化。

　　另一种可能的策略被称作"乐观法"（Optimistic Approach）。这种情况下，X 公司会希望实现利润最大化，因为它假设 Y 公司做出的决定最后会是对 X 公司有利的。因此，X 公司会选择降价，但是却乐观地假设 Y 公司会维持原价。如果 X 公司的假设是正确的，也就是策略 B 的情况，它就能获得1200万美元的利润，这种做法又被称为"最大最大原则"。这一博弈场景中，无论公司 X 遵循最大最小还是最大最大的原则，最后都做出了相同的决策（降价），因此这种情况也被称为简单支配的策略博弈。

囚徒困境（Prisoner's Dilemma）是一种稍有不同的博弈场景，这种场景下，两家或更多公司尝试找到一种不管其他人如何反应都最优的选择，最后的结果反而比最开始的情况更糟。

广告营销

寡头公司在预测竞争对手行为时，广告宣传策略是其会着重关注的一环。广告活动可以向潜在消费者传递信息，同时也可能有助于将一款新产品引入市场。此外，广告可以通过宣传产品新功能来助力其研发，也可以助力其价格竞争。广告有可能促进销量提升，

纽约时代广场上的广告牌将行人的关注点都吸引到各式各样的产品上，但也有人认为这样的广告牌非常丑陋、碍眼。

也因此可以带来规模经济效应。

广告活动只有在不完全竞争的市场中才有效。正如本章开头所阐释的，在完全竞争的情况下，公司和消费者掌握的信息都是完全的，广告也就显得完全多余。不过现实中，公司打广告并不仅仅是为了为潜在客户提供完全的信息，公司也希望借着广告的宣传，通过产品的各种价值主张对消费者产生影响。

这一类广告是充满争议的，因为它并不是给消费者提供基本的信息，让消费者自行决策。批评者认为这样的广告宣传增加了人们的欲望，增强了商品本身的稀缺性，助长了物质主义，并滥用了本可发挥更大用处的资源。广告本身是有成本的，也因此会导致商品价格的上涨；同时这样的成本也可能成为新公司进入行业的壁垒，因为新公司往往无力开展大规模的广告活动。环境保护者则指出，巨大的广告牌不仅有碍观瞻，令人不适，也是社会的负担。

价格歧视

到目前为止，我们都假设寡头或垄断企业对其产品只会采用一种价格。但是掌握了垄断

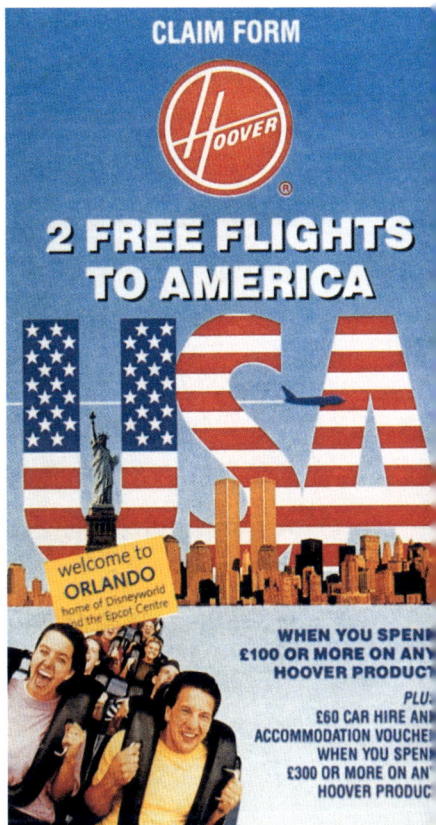

20世纪90年代，胡佛吸尘器公司在英国发起了一项营销活动，凡购买该公司产品价值超过100英镑的用户都可以享受去美国的免费航班。这一促销活动的接受程度远超预期，因此给该公司带来了灾难性的后果。

能力的这两类公司实际上可以为其同一款产品在不同市场上制定不同的价格，这种行为被称为价格歧视，也叫作歧视性定价。

公司开展歧视性定价需要满足以下几个条件：

• 公司有能力自行定价。

• 市场相互独立，公司在某一市场上售卖的产品不能再销往其他市场。

• 各个市场对价格变化的敏感性不同，也就是需求的价格弹性不同。需求价格弹性（Price Elasticity of Demand，PED）衡量的是在其他条件不变的情况下，产品价格变化对需求的影响情况。PED 是用价格变化1%时产品需求量变化的百分比来表示的。在需求价格弹性较低的市场，产品的定价会更高。

价格歧视的程度

以下是几种最广为人知，使用最为广泛的几类价格歧视：

• 一级价格歧视：卖方的每一单位产品都能按照消费者愿意支付的最高价格售出。

• 二级价格歧视：卖方按照买家购买的商品数量划分几档不同

针对某些行业，最开始的几度电可能会比之后的电价格更高。这是二级价格歧视的一个例子。

的价格，比如阶梯电价制度，针对某些行业，最开始的几度电的价格会比之后的电力消耗更贵。

- 三级价格歧视：消费者被细分（通常是按照收入水平）成不同的群体，对应不同价格。最典型的例子就是航空公司区分头等舱和经济舱，收费也随之不同。

跨国公司和国际贸易

很多公司所在的市场形势让它们不得不开展国际贸易来保持竞争力；又或者是为了进一步扩张，公司需要在海外建立分部。经济学家和政治家几乎都认同的一点是，人人都能从贸易中获利。关税贸易总协定（General Agreement on Trades and Tariffs, GATT）和世界贸易组织（World Trade Organization，WTO）等组织现在也在鼓励国际贸易的开展。

这一理念背后的理论基础来自18世纪的

价格歧视在航空业很常见，同一趟航班上的座位可能有上百种不同的价格。

经济学家亚当·斯密(Adam Smith)。亚当·斯密认为劳动者专门从事一项单一的工作，整体产出会更高，这一理念也被称为"劳动分工"。而如果各国都生产其最擅长生产的商品，各国都会获益，国际贸易也会随之增加。如果某一国能用更少的资源生产一件商品，我们会说该国拥有"绝对优势"；如果是以更低的机会成本生产一件商品，则是拥有"相对优势"。换言之，拥有相对优势的国家生产一定商品使用的资源成本比其他国家低。

过去，公司的所有者往往来自同一个国家，它们或是专门为本国提供商品，或是进出口产品和原材料。而现代贸易的本质带来了跨国公司的兴起。这一现象部分是因为第二次世界大战结束后出现的大量企业合并，其中很多情况是一家公司被其他国家的公司收购。公司跨国经营的最初目的是获得更多资源和市场，或是为了减少运输成本。

分布劳动力的机制

跨国企业规模庞大，不同的生产阶段、营销和研发活动等都会根据各国当地的成本情况，选择最合适的地点开展。跨国公司正是利用这样的做法，巧妙地利用了各地的价格差异，在某一类资源最廉价的国家开展相应的生产活动。比如说很多跨国公司都会在远东地区寻找廉价劳动力。其最开始的选择是日本，但最近几十年中，越来越多的东南亚国家成了它们新的目的地。在这些国家开展生产的成本远远低于在西方国家。

传统上，电视之类的家电生产属于劳动密集型的工作，这也意味着生产中许多环节都要集中在同一家工厂中进行。德国跨国电子公司飞利浦(Philips)将其总部迁往新加坡，正是因为它意识到公司

80％的劳动力都在东南亚，尽管目前在欧洲装配的成本仅占总成本的10％。不过因为已经做出了承诺，飞利浦再要反悔，代价可能就太大了。

跨国公司的规模和数量不断增长的同时，围绕着它们的争议也在与日俱增。许多人认为，这些公司把工厂开到海外，利用了当地廉价的劳动力，但也意味着本国的就业岗位损失；而同时，当地市场的竞争者若因为跨国公司的进入而破产倒闭，这也意味着当地的竞争减弱，消费者的选择减少。

不过也有人认为，在海外开设工厂的公司实际上给当地带去了新的信息来源和出口市场，当地也就可能因此增加财富。此外，当地劳动者在加入更好的公司组织后，工资水平也会跟着上升。劳动力成本低的国家往往健康条件差，安全规范不充分。而当这些劳动力加入更好的公司组织，技能水平提高后，就可以敦促雇主改善这些条件。最近的数据也的确表明，在跨国公司工作的劳动者收入超过了当地的平均水平，而这些公司招聘的速度更快，在研发上的投入也更大。

萨博汽车公司（Saab）与瑞典的联系太强，很多消费者甚至都没有意识到这家公司现在其实是美国的跨国汽车公司，通用汽车（General Motors）的子公司。

联合国的一项数据显示，1998年，53607家跨国公司共掌控着448917家海外子公司，其中最大、最重要的跨国公司大部分都来自美国。跨国公司在英国的重要性超过其他国家。

像福特汽车公司在英国的根基很深，许多英国人甚至很难想象这其实并不是一家英国的本土企业。

国际货币

国际贸易与国内贸易有两大主要的区别，一是国际贸易中，货物会通过国际边境，因此受到进出口相关的法律和税收规则的管辖；二是货款的支付往往需要使用他国货币。

理想情况下，各国的公司都希望按照本国货币结算商品和服务。世界上很多货币，尤其是美国的美元是国际上都接受的；公司有时不愿意用当地货币支付，但这种情况有时也是无可避免的。在有些情况下，这意味着在一国挣得的收入只能留在该国用于再投资。这样的操作对发展中国家来说是可以带来持续的好处的，却未必是跨国公司所希望的。所以有些公司会干脆选择不在那些无法转出收益的国家开设分部。

汇率

像任何交易的商品一样，货币也是有价格的，这一价格被称为汇率。目前国际市场上新兴起了欧元这一新货币，也就是欧盟使用的货币，是否接受这一新货币在部分国家，尤其是英国使用，争议重重。

有很多理论模型对公司在现实中经营的各个层面加以解释。目前的一大趋势是，随着合并的不断开展，公司的规模也越来越大，许多合并活动是跨国进行的。同时由于担心出现垄断，政府也引入了新的法律保护竞争，因为存在竞争的市场是最高效的市场这一观点目前还是为世人公认的。

部分跨国公司

公司名	起源国	行业	公司名	起源国	行业
通用电气	美国	电气	IBM	美国	计算机
荷兰皇家壳牌	美国	石油	丰田	日本	汽车
福特汽车	美国	汽车	大众	德国	汽车
埃克森	美国	石油	三菱	日本	跨行业
通用汽车	美国	汽车	美孚	美国	石油

市场失灵和外部性

市场失灵是指发生了资源未得到最优分配的情况。有些情况下，生产商没有动力提供某一类商品从而不再生产这类商品。经济理论的一大目的正是要找到能够成功避免或修正这类失灵情况的方法。

现代经济理论认为当市场处于完全竞争状态时，稀缺资源会以最高效地方式分配给消费者和生产者。而当这样的高效分配没有实现时，我们就会说市场失灵了。这可能是因为市场的竞争不完全，以及公司采取了一些阻碍竞争的手段。举例来说，如果一种商品只有一家公司生产，这家公司也能为之定下很高的价格，那这种商品的分配就不是最优的。

在法律、秩序之类的公共物品（Public Goods）和教育之类的混合品（Mixed Goods）或有益品（Merit Goods）的配置上也可能出现市场失灵的情况。在市场机制下，有益品的供给可能是不足的；而公共物品则是完全没有供给的。比如说，因为人人都有权享受治安保护，所以大家为之付费的意愿就较低，而私有公司也就不太愿意提供这一服务。

外部性

外部性也是导致市场失灵的一大原因。所谓外部性（Externality）指的是一项经济活动带来的成本或收益由第三方承担。比如说污水未经处理就排放入海，这一行为的代价是大家共同承担，而非这么做的公司或个人独自承担。海岸线受到污染的代价不是由造成污染的公司承担，而是由环境、肮脏沙滩上的人们以及无法继续捕鱼的渔民来承担。

　　经济学家对反竞争手段、公共物品和外部性等带来的市场失灵对经济效率的影响程度加以研究，并以此判断不同情况下可以采取什么措施加以补救、提升效率。

经济效率

　　亚当·斯密在其巨著《国富论》（*The Wealth of Nation*）中写道，市场经济中的参与者在追求自身利益的同时，也在"看不见的手"的引导下为社会的最大利益做出贡献。在亚当·斯密的理论基础上，后世的经济学家更进一步，认为将资源价值最大化的配置方式是最符合社会整体的利益的，这种配置方式在经济学角度是高效的。当资源配置符合经济效率时，让一方获利的同时必然会导致另一方的利益受损；而相反地，如果一方获利的同时可以不损害其他方的利益，这种资源配置就不是高效的。

如果一家公司对海洋造成了污染，捕捞和售卖鱼类的公司会受到负面影响。这被称为负外部性（Negative Externality）。

社会边际效益

　　社会边际效益指的是一种商品每多生产一单位时社会获得的收益，包括买方的收益和社会上任何其他成员获得的间接收益。商品价格

往往反映了社会为之付费的意愿，所以社会边际效益可以简单地用价格来表示。比如一张电影票价为6美元，人们花钱买了，这就表明人们认为这部电影的价值至少是6美元，不然他们是不会买票的。当然对于一些电影爱好者来说，他们会认为电影价值远超6美元，但也有些消费者会觉得这部电影就值6美元，他1分也不会多出。

　　商品生产的经济效率可以通过比较其社会边际效益和社会边际成本得出。社会边际成本就是每多生产一单位商品社会增加的成本，包括生产者承担的成本以及社会上任何其他成员承担的间接成本。如果一件商品的社会边际效益超过了社会边际成本，那这一商品的产量提高会给社会带来净收益。比如说一盘游戏卡带

从经济学角度上来讲，人们愿意为看一场电影付的钱不低于这部电影的社会边际效益。

的社会边际效益是20美元，而社会边际成本是12美元，那生产一盘游戏卡带的净收益就是8美元（20−12＝8）。符合经济效率的资源配置会对所有这一类的机会加以利用。反之，当社会边际成本超过了社会边际效益，这一商品的产量越少，社会的收益才会越大。这种情况下，资源并未得到最优利用。比如说，假设社会认为生产一块冲浪板的资源价值169美元，而生产出的冲浪板价值只是152美元，那生产这样的冲浪板对社会就是弊大于利的，每生产出一块这样的冲浪板，社会就会损失价值17美元的资源。

总而言之，增加社会边际效益大于社会边际成本的商品产量，以及减少社会边际效益小于其社会边际成本的商品产量，会让社会从中受益。商品生产在当前产量下不需增减即符合

一块冲浪板只有在售价超过其生产成本时才是对社会有益的，也只有这样才值得生产。

社会利益时，就实现了经济效率的最大化。这时候，社会边际效益和社会边际成本相等。

现代经济理论认为市场经济有能力高效配置资源，但实现这一点的前提是市场处于完全竞争的状态下。那么问题就来了，如果某个行业并非处于完全竞争的状态，那么最后的资源配置结果会是令人满意的吗？答案是否定的。当市场经济配置资源并不是经济效率

完全竞争下市场的效率

现代经济理论认为，当处于完全竞争状态时，市场经济可以实现资源的最优配置。一个行业处于完全竞争状态时，这一行业中应该存在大量个体消费者和小规模的公司；每家公司生产的商品必须完全一致；资源的流动性应该是充分的；进出该行业的市场不应有任何的阻碍；消费者和公司对市场信息完全掌握；同时消费者和公司采取的行动带来的利益由自己获得，成本也由自己承担。

经济学家通过观察部分特定公司的行为来评估完全竞争行业的经济效率。完全竞争下每家公司都应是追求利润最大化的。由于每家公司的规模和整个市场相比都很小，公司在决策时会发现市场价格是不受他们控制的。

尽管公司只能接受市场给出的产品定价，它们还是可以通过调整产量以实现利润的最大化：只要将产量调整到边际利润和边际成本相等的水平即可。边际利润是每多生产一单位的产品带来的额外利润；而边际成本则是每多生产一单位的产品需要的额外的成本。如果边际利润超过边际成本，追求利润最大化的公司就会提升产量；而如果边际利润低于边际成本，公司也就会随之降低产量。因此，只有在公司既不增加也不降低产量的时候，利润才是最大化的，而这时边际利润和边际成本应该是相等的。

在完全竞争的状态下，公司的产量应当是符合经济效率最大化的。别忘了符合经济效率的产量下，社会边际效益或者它的代替指标商品价格，是和社会边际成本相等的。这时候公司的边际利润和商品价格也是一致的，因为每多生产一单位的产品获得的利润正是买家支付的。而完全竞争下，商品生产的全部成本都是由公司独力承担的，所以公司的边际成本和社会边际成本也是一致的。也因此，当公司实现边际利润等同于边际成本时，就实现了社会边际效益和社会边际成本的相等，也就实现了产量的经济效率最大化。这也就是亚当·斯密所说的，市场这一"看不见的手"引导着追求自身利益的公司为社会的最大利益做出贡献。

最优的时候，就出现了市场失灵。完全竞争的任何一个条件得不到满足都可能出现市场失灵的情况。现在来看一下市场失灵的两种来源，一是竞争不足；另一种则是消费者和公司不对他们的行为承担全部的成本，换句话说就是出现了外部性。

效率低下的不完全竞争市场

完全竞争市场最突出的特点是个体消费者和公司的数量都非常多。不满足这一条件的话，市场的产出就无法达到符合经济效率的水平，这时候市场也就处于不完全竞争状态。

完全竞争、寡头垄断和垄断各自典型的特点都已总结在了表2中。

垄断以及其他类型的不完全竞争会出现市场失灵的情况，因为在这些情况下，产出是不足的。正如前文所述，产量达到经济效率最大的水平时，社会边际效益（价格）和社会边际成本是相同的，而这种情况仅会在市场处于完全竞争且没有政府的干预时才会发生。在完全竞争的情况下，公司会接受市场的定价；而在非完全竞争的情况下，公司则会主动去影响商品价格。这种差异也体现在边际利

表2　处于完全竞争、寡头垄断和垄断下公司的典型特征

市场结构	公司数量	公司提高价格的能力	进入壁垒	例子
完全竞争	少量	无	无	许多小农场提供的农产品
寡头垄断	少量	中等	高	早餐麦片、汽车
垄断	一家	高	极高	公用事业

润上：对于前一类公司，边际利润与价格是相等的；而对后者而言，边际利润是低于价格的。

通常情况下，当市场上一种商品或服务只有单一一家供应商，又或者因为存在市场进入壁垒或是大型的规模经济效应，竞争受到了限制，那产品的价格会较高，且产出水平是不符合经济效率最大化的。垄断公司或是其他处于不完全竞争下的公司可以获得超额或是非正常的利润，而其他公司却无法进入市场，共享这部分利润，

不完全竞争与经济效率

在不完全竞争的市场中，公司主动影响价格而非被动接受价格。公司会通过降低价格，提升销量，从而增加总利润。这种情况下，公司每售出一单位产品的利润等于售价减去当前价格与本来的价格的差值。举个例子，假设一家垄断公司以10美元的单价销售100只皮球，这时的总收益是1000美元。这时，要多卖出一只皮球就要将价格降到，比如说9.98美元，总收益也就变成了1007.98美元（9.98×101），而这第101只皮球的边际利润就是7.98美元（1007.98-1000），而这时低于此时皮球的售价。尽管卖出这第101只皮球，公司拿到了9.98美元，但前100只皮球本可以卖到10美元1只，所以相当于每只损失了0.02美元（总共损失2美元）。所以，不完全竞争下公司的边际利润往往是低于价格的。

为进一步了解完全竞争和不完全竞争下产出水平和价格的可能差异，我们可以假设一个完全竞争的市场突然出现了垄断。在利润最大化这一铁律下，边际利润应与边际成本相等，所以垄断前最后一单位的产出的收益应该与生产的成本相等。但因为完全竞争下，公司的边际利润又与价格相等，这也就意味着在产出水平最优时，商品价格和边际成本是相等的。现在假设一家垄断公司接管了整个行业，也发现了当前价格与边际成本相等，那为了利润的最大化，这家公司也会希望边际利润和边际成本保持一致。但在垄断状态下，边际利润是低于价格的，这家公司就会发现当前的产量水平太高了，边际成本超过了垄断下的边际利润，因此就会降低产量，同时提高价格。

总而言之，因为垄断状态下边际利润低于价格，与完全竞争下的公司相比，垄断公司就要降低产量，同时提高价格。这就是不完全竞争下会出现的市场失灵现象。

扩大产出，并让价格下降。这种情况下，消费者不仅要花比完全竞争下更高的价格购买商品，而且在供应商上也别无选择，产品的种类也非常有限。

修正垄断下的市场失灵

美国在1865年南北战争结束后到1914年欧洲爆发第一次世界大战期间，出现了所谓的"强盗资本家（Robber Baron）"。这一时期，企业家在基础行业结成托拉斯，利用垄断大肆敛财。托拉斯指的是公司通过串通限制产量、抬高价格，以期获得垄断利润而组建的组织。美国的很多行业都出现过托拉斯，比如煤炭、电子品、皮革、肉类加工、石油、铁路、钢铁、糖业和烟草等行业。要限制托拉斯的出现只能通过制定相关法律法规。

反托拉斯官员

出于对垄断权力的担忧，在美国，一系列反托拉斯的方案获得了通过，其中最重要的就是1890年通过的《谢尔曼法》、1914年通过的《克莱顿法》和《联邦贸易委员会法》。这几部法律禁止了价格垄断和其他一些反竞争的行为，并组建了联邦贸易委员会（Federal Trade Commission，FTC）。美国政府利用这些法律打破了石油、烟草、铝和电信行业的托拉斯组织。这样的行动仍在继续：20世纪90年代末，美国政府以不正当商业行为名义起诉了微软。

1945年第二次世界大战结束后出现了人量的合并活动，于是《塞勒－凯福维尔反兼并法》（Celler–Kefauver Antimerger Act）在1950年应运而生。这一法案授予美国联邦贸易委员会对兼并申请加以核查的权力，确保兼并不会限制贸易活动。最近，联邦贸易委员会行使了这一权力，否决了若干起公司合并的提案，比如来得爱（Rite Aid）与雷夫科（Revco）连锁药店的合并以及史泰博（Staples）和欧迪办公（Office Depot）的合并。

负外部性

负外部性（Negative Externality）指的是他人的行为造成的、在未经同意的情况下由第三方承担的成本。比如你可能决定开一场派对，派对上还要放一些大声的音乐，但听到音乐的不仅是你和你的客人，对于你的邻居来说，这些让他们难以入眠的音乐就是一种负外部性。

负外部性出现时，社会边际成本就超过了私人边际成本，私人的决策带来了过高水平的生产和消费。让我们看一下表3列出的情况。商品的价格，也是社会边际效益的代理指标是50美元；第一个单位的产品私人边际成本是10美元，之后每生产一个单位的产品，该成本就增加10美元。这里的10美元代表着公司向大气排放废气或是向附近河流排放污水的成本。社会边际成本是私人边际成本和外部边际成本之和。完全竞争下的公司会将产量保持在边际利润与

香烟不仅可能让烟民患上不治之症，也可能影响到被迫吸二手烟的人。这就是一种负外部性。

私人边际成本相等的水平。

公司在决策时只会考虑行为本身的成本是多少以及能带来多少收益。通过表3我们就能知道，例子中的公司最后会把产量设在5。

表3　不同生产水平下的边际成本和边际效益

数量	社会边际效益（或）价格（美元）	私人边际成本（美元）	外部边际成本（美元）	社会边际成本（美元）
1	50	10	10	20
2	50	20	10	30
3	50	30	10	40
4	50	40	10	50
5	50	50	10	60
6	50	60	10	70
7	50	70	10	80

通向市场失灵之路

但这样的产量并非经济效率最高的。经济效率最高时，社会边际效益应当是和社会边际成本相等的，在表3中也就是产量为4时的情况，而这一产量水平与企业自主决策下的产量水平相比是更低的。负外部性意味着生产和消费的商品都过多了，因此出现了市场失灵。

佛罗里达州奥基乔比湖的一处水泵站。如果这里的水没有得到净化，就会产生负外部性。

与电力带来的好处相比，这些丑陋的电线塔也就不值一提了。

解决负外部性

解决外部性带来的市场失灵是政府主要的经济职能之一。解决外部性的方式有三种：立法、改变经济激励以及市场导向的政策。

监管手段

目前最广泛使用的解决负外部性的方法就是政府法规。这些法规的形式有很多，比如其中一种叫作排放标准。在这一规定下，公司的排放量受到监控，必须低于一定的水平。公司只能通过调整生产方式或是降低产量的方式保证排放达标。

另一种规定叫作产出限制。如前所述，私人企业的产量总是偏高的。与排放标准不同的是，这一类规定是通过减少公司商品产量来间接降低排放量。在有些极端情况下，产量甚至可以降到零。在解决太平洋西北地区砍伐原始森林带来的负外部性时，政府就完全禁止了所有的产出。

微软是垄断企业吗？

在短短的20年时间里，微软从一家小型初创公司成长为美国估值最高的公司，它的创始人比尔·盖茨（Bill Gates）和保罗·艾伦（Paul Allen）也跻身世界顶级富豪榜。不过微软在经济上取得巨大成功的同时，也出现了对其开展的一系列非法的反竞争行为以实现其对市场主导地位的指控。

这些指控中包括控诉微软：试图进行一项有损于竞争的兼并（微软本试图兼并其在个人财务管理软件上的竞争对手Intuit，但这一提案最终被联邦贸易委员会否决）；强迫个人计算机制造商按照微软的条款安装Windows软件系统。

在这些指控中，美国政府和微软方面都有相关经济专家出面

比尔·盖茨以微软董事长和世界首富的身份开启了21世纪。

解释。政府声称微软试图在协议中规定，获得 Windows 98 系统安装授权的前提是在电脑中安装了 IE 浏览器，这一点事实上是不当利用了 Windows 系统在行业中的地位阻止了潜在的竞争对手进入市场。微软方面则认为自身是积极参与竞争的，同时自身的地位并非通过非法商业行为取得，而是通过向消费者提供他们想要的商品取得的。

这些指控可能会带来很严重的后果，微软可能会因为违反反垄断法而被迫拆分，而如果事情真的演变到这一步，整个计算机行业都会受到深远且严重的影响。

另一种监管手段叫作"规范性法规"（Prescriptive Regulation）。这类法规会制定一种商品生产的规范或方式。公司是不会自愿采纳这些规范的，因为按照规范生产对公司来说成本并不是最低的。这些规范增加了公司的成本，也就降低了公司的利润。

这些措施都需要持续监管，以保证公司遵守这些法规。如果公司未能遵守，就要接受惩罚，通常是被处以罚金。如果不遵守一项法规被发现的概率比较低，又或者违反法规付出的代价比较小，公司就有可能对这些法规视而不见；即便被发现了，交罚金便是了。基于此，这些法规必须是得到有效执行的，对违规者的惩罚力度也不能小。

许多经济学家对这类规范性法规都持批评态度，因为他们认为，希冀以最低的社会成本实现环境目标是不可能的。持这类观点的经济学家都更支持限制排放的措施，因为这些措施建立在经济激励之上，且是以市场为导向的。

改变经济激励方式

经济激励可以以两种方式降低排放。第一种，公司要为其每一单位的排放支付一笔排污费或是排污税。这种方式也被叫作征收庇古税（Pigovian Tax）。庇古是一位英国经济学家的名字（A.C. Pigou），这一做法是他最早于1920年提出的。理想情况下，排污费应该正好和排放给社会带来的外部成本相当。征收这一笔费用实际上就是把企业这样做产生的外部成本内化给了私人公司，这样一来私人公司在做决策时也就会符合经济效率性了。再回到表3，排污费设为10美元时，公司的边际成本（私人边际成本＋排污费）也相应提高，与社会边际成本一致。这样一来，追求利润最大化的公司就会保证产出是符合经济效率的，也就是4单位。

第二种减排的方式是给予主动减排的公司奖励，公司可以因其减少的每一单位排放获得相应的补贴。这种情况下，公司需要判断是维持当前排放水平、不拿任何补助的利润更大，还是通过限制产出或用更清洁的方式生产减少排放利润更大。如果判断后是后者，公司的收入会来自减少产量之后的产出带来的利润和政府的补助。因此，补贴的费率如果设置合宜，便可将排放的外部成本加以内化。对于公司来说，一单位排放的机会成本就是减少这一单位排放可以获得的补贴额。

排污费和减排补贴的一大优势在于两者对于社会的成本要小于通过法规监管。因为在后一种情况下，公司必须不计任何代价遵守相关法律法规，也因此减排的代价可能非常高。而排污费和减排补贴则没有这样的限制，因为在这两种方式下，公司会自行选择减少或停止哪一类型的排放。对于追求利润最大化的公司来说，它们会首先减少成本最低的那类排放，只有这类排放完全减完了才会继续减少成本更高的排放。尽管有这样的优势，排污费和减排补贴到目前为止依然没有在美国得到广泛应用。

外部性和财产权

加勒特·哈丁（Garrett Hardin）教授在他1968年发表的文章《公地悲剧》（*The Tragedy of Commons*）中将负外部性的问题重新描述成了一种公共财产。公共财产指的是没有明确所有权的财产，它不属于任何个人，也因此人人都可以使用。空气、海洋、河流等都属于公共财产，太平洋上的鲑鱼、非洲的犀牛和南美的金刚鹦鹉也属于此类。

如果这些资源是个人财产，那所有者肯定会要求使用者支付相应的报偿。如果是公共财产，那这些资源不管对于消费者还是公司而言都属于免费的商品，也就注定未被过度使用，只是因为它们是免费的，没人需要为之负责。这种过度使用的危害哈丁教授已经以夸张手法在他的文章标题中展现出来了。公共财产的属性也解释了为什么空气、海洋和湖泊受到如此严重的污染，世界各地的野生动物许多都濒临灭绝——因为这些资源不属于任何人。

非洲的犀牛在经济学上被当作一种公共财产资源。正因为它们不属于任何一个人，也就面临着被剥削的危险。

市场导向的措施

认为负外部性是因为资源没有明确的所有权归属产生的观点其实也包含了可能的解决之道：既然负外部性带来的市场失灵是因为产权定义不清（比如公共财产）导致的，那明确财产权并加以保障就可能解决这样的失灵。认为私人市场可能在存在外部性的情况下不错配资源的观点被称为"科斯定理"（Coase Theorem）。这一定理是以诺贝尔奖得主罗纳德·科斯（Ronald Coarse）的名字命名的，这一定理也是他于1960年首次提出的。

应用科斯定理得出了一种利用可转让许可证解决外部性问题的新方法。这种利用可转让许可证的、以市场为导向的解决方案明确了此前并不存在的财产权。这一方法目前在治理污染以及渔业、野生动物管理上得到了广泛运用。

可转让许可证体系已经在渔业管理方面得到证明，其运行机制如下：政府首先确定捕捞量，再向公众发放一批限制捕捞量的许可证。这些许可证既可以根据当前渔夫的数量按比例发放，也就是遵循了"不溯及过往原则"（Grandfathering）；或是公开拍卖，价高者得。有意思的是不管采用哪一种方式发放许可证，只要许可证是可转让的，最后的经济产出并不会有所差别。

这是因为当许可证可转让时，许可证就一定会最后流入那些最高效的渔民手中。那些效率较低的渔民会发现把手中的许可证卖给别人比自己用赚得多。进入渔业本身是不受限制的，任何人只要买下许可证就可以从事。尽管这种解决外部性的方法还比较新颖，但未来潜力无穷。

排放抵消

另一种解决外部性常用的方法就是排放抵消。排放抵消的机制是当一家公司想要在某一地区扩大经营，增加排放时，那就必须通过其他渠道减少等量的排放。比如一家石油精炼厂要扩大一家工厂的经营，并会增加100单位的排放；在排放抵消的政策下，这家公司必须在其他地区减少100单位的排放或是先缩减原先的运营规模，保证已经减少了100单位的排放。在梳理公司运营情况时，这家精炼厂会发现部分排放会带来更高的利润，而有些则会导致利润减少，也就自然会更多地减少后一类的排放。这种做法是更高效的，因为

在同等排放量的情况下，社会整体获得的价值更高。

美国已通过联邦法律限制污染，从而减少国内大城市上空有毒的雾霾数量。

　　如果这家精炼厂无法通过缩减自身的经营规模减少这一规模的排放，就要从外部想办法，比如收购一家别的公司，然后将这家公司的运营规模缩小，或是干脆将之关停。如果扩大经营规模比收购一家公司带来的收益更大，精炼厂就会认为这么做是有利可图的。

　　这种做法也可以用于准备进入某些领域的新公司。这些公司如果要进入市场必须首先在其他领域减少排放。排放抵消和可转让许可证体系类似，二者都确立了一些此前不存在的财产权。在排放抵消的机制下，排放的财产权是归属排放的公司的。这些公司可以选择继续排放，或是选择将排放的权利转卖给其他公司。当然，后一种情况下只有在其他公司认为自己利用排放权可以获得更大利润时才会发生。

上述提到的排放抵消措施可以将污染维持在现有水平，但只要对这一方式稍加改变就能降低整体污染水平：规定抵消的排放量要超过预计增加的排放量。比如像洛杉矶这样烟雾弥漫的城市并没有达到美国联邦政府的空气质量标准，现在的美国法律规定，排放量增加的同时必须通过其他渠道减少预计新增排放量的120%。

自然资源经济学

地球上的自然资源可以分为不可再生和可再生两大类。不可再生资源包括化石燃料，比如煤炭、石油和天然气，以及其他的矿物，比如铜、金、铁、银和铀等。一旦一种不可再生能源用尽，那按照定义，这种资源是再也得不到补充的。可再生能源包括鱼类、森林、牲畜，以及太阳能和风能这样的新能源，这些资源经过缜密的规划是可以得到再生的。

美国的能源非常依赖以煤炭、石油和天然气为代表的不可再生资源。很多环保专家担心按照目前的速率消耗，这些资源将很快耗竭。

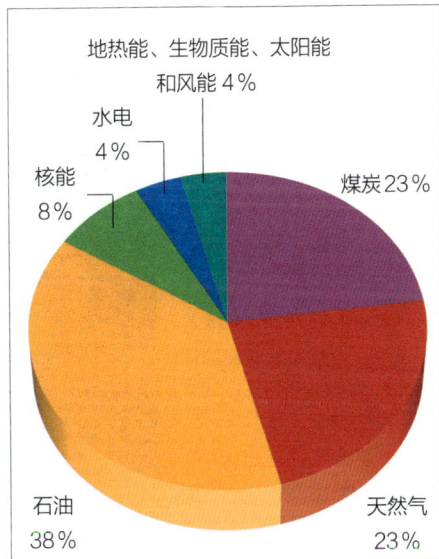

图10　美国1998年能源消费情况饼状图

白头海雕和斑点猫头鹰

白头海雕和斑点猫头鹰的共同点是什么呢？这两者都曾是在北美洲非常常见、但最近却濒临灭绝的鸟类。两者数量减少的原因是不同的，但背后却有着共同的主题。

白头海雕（学名：Haliaeetus leucocephalus）在美国独立战争结束不久后的1782年就被确立为美国的国鸟。据估计，当时美国全国共有7.5万对筑巢的白头海雕，但这一数字到20世纪60年代已经减少到了450对。白头海雕的死亡主要是因为它们长期暴露在长效杀虫剂 DDT 的环境下。人们使用 DDT（化学名：双对氯苯基三氯乙烷）的初衷是杀灭害虫以提高农业生产率，但后来人们发现这种化学品能通过食物链进入鱼类的体内，而白头海雕又非常喜欢捕鱼为食。

北美斑点猫头鹰（学名：Strix occidentalis caurina）是一种中型的夜行鸟类，仅栖息于太平洋西北地区的原始森林中。尽管不清楚道格拉斯杉木林原先有多少斑点猫头鹰栖息，但最近的调查显示这一数量目前只有几千对，而且还在急剧减少中。斑点猫头鹰数量减少则主要是因为砍伐活动破坏了其栖息地。

从经济学的角度看，这两种鸟类数量减少都是因为负外部性的存在。白头海雕濒危是因为使用有毒杀虫剂造成的外部成本，斑点猫头鹰数量的急剧减少则是原始森林砍伐带来的外部成本造成的。目前这两种鸟类都受到了美国联邦法律的保护，禁止对其非法捕杀或干扰。保护白头海雕的法律最早是1940年通过的《秃鹰法案》（Bald Eagle Act），之后是1973年通过的《濒危物种保护法》（Endangered Species Act）。对斑点猫头鹰加以保护的则是1976年的《国家森林管理法》（The National Forest Management Act）和《濒危物种保护法》。

这些法律在保护斑点猫头鹰上是否起到了作用尚不得而知，但确实已经帮助白头海雕能更好地

砍伐树木可能对人类经济发展有利，却威胁到了斑点猫头鹰的生存。

尽管白头海雕象征的国家非常繁荣富强，这一鸟类本身却处于濒临灭绝的状态。

生存下去。目前白头海雕的数量预计在5000对以上。

　　但人们取得的这些成功是有相应的代价的。白头海雕的回归主要是因为美国在1972年禁用了DDT。尽管其他种类的杀虫剂最终取代了DDT的位置，但这一转变的过程给社会带来了很大的成本。而保护斑点猫头鹰及其栖息地的努力最终导致美国法院禁止了原始森林的砍伐活动，而为此加州、俄勒冈州和华盛顿州的砍伐业付出了巨大的代价。

　　这些保护活动真的值得吗？真的符合美国民众的最佳利益吗？经济学家试图比较物种保护带来的好处和相应的成本，但评估收益是很难的。一方面一个物种灭绝对食物链乃至对整个环境造成的影响究竟如何充满了不确定性；更重要的是，我们的子孙后代能生活在一个充满生物多样性的世界究竟好处是什么，这本质上是一个伦理问题，也就很难对其赋予一个价值。

拯救泰姬陵

印度的泰姬陵这一举世闻名的景点正面临着危机。近年来，附近上千家燃煤工厂带来的空气污染，让这一宏伟建筑的墙面开始褪色。

这些工厂排放的废气造成的空气污染就是负外部性的一个典例：因为空气是公共财产，这些工厂可以随意排放废气而无须承担污染造成的后果，却给这一区域的人民造成了负担，还破坏了泰姬陵。这些工厂的产出和空气污染的程度都已经超过了经济效率的水平。

印度最高法院已经采取行动修正这一市场失灵的情况。最高法院判决，该地的燃煤工厂必须完成从使用煤炭到使用更清洁的天然气的转变，并且工厂也要迁出这一区域。这一判决一旦得到执行，空气质量定会有所改善，但同时，这些工厂和其工人也要承担相应的代价。

通过效益成本分析可以评估这项法规是否符合印度人民最佳利益。这一分析手段就是直接比较政府政策或项目的收益和成本。减少污染的好处包括提升了这一地区人民的健康水平，同时保护了围绕泰姬陵的旅游行业；成本就是当地燃煤企业需要付出的成本。如果收益大于成本，那最高法院的这一判决就是符合人民利益的；反之，这样的政策只会让人民的处境更糟。

由白色大理石建造而成的美丽的泰姬陵正受到空气污染的严重威胁。

不过，也有经济学家认为这样的不可再生资源是永远不会完全耗竭的。这一观点最早是1931年经济学家哈罗德·霍特林（Harold Hotelling）提出的。他指出当一种矿物被消耗的时候，其供应量也必然会减少，而这就会带来此种矿物的价格上涨，并由此带来三个重要的结果。

第一，价格变高后，人们对于这种矿物的使用量就会降低，这是经济学中需求法则在矿物消费中的应用；第二，价格变高后人们会加大力度对这一种矿物的勘探；第三，价格增高后人们也会开始寻找其替代品。

石油危机的教训

霍特林的这些理论推测很大程度上在第二次世界大战后的石油行业得到了证实。20世纪50年代原油价格较低，大概在3美元每桶。但到了20世纪70年代，中东的紧张政治局势催生了石油输出国组织——欧佩克（OPEC）。这一石油卡特尔的主要成员都是盛产石油的国家。这些国家决心从它们国家主要的出口品中获取更多的利润，同时也借机作为对美国和西欧国家在1973年10月爆发的赎罪日战争（Yom Kippur War）中帮助以色列对抗埃及和叙利亚的惩罚。

欧佩克实力的增强很快导致了原油价格的飙升，甚至一度突破30美元每桶。使用原油成本的突然增长导致了世界范围的经济衰退，汽油的零售价格也大幅攀升。北美的消费者很快就采取了相应的对策：原先选择大排量汽车是主流，现在人们纷纷选择体积更小、更省油的车型。同时，全球范围内也开始新一轮对原油资源的勘探和开发。此外，此前在价格只有3美元左右一桶时被认为不赢利而被废

为什么在加德满都打不到出租车？

尼泊尔政府禁止图中这类出租车的使用，以此减少其首都加德满都的污染情况。

　　曾经，尼泊尔首都加德满都的空气污染不断加剧，最终导致政府采取了一些激进的措施。城市中烟雾的主要来源是一种被称为"Tempo"的柴油驱动三轮车，很多人将其作为出租车。尼泊尔政府采取的第一个行动就是禁止这种车的进口。但这样做依然没有减少现有的三轮车数量，所以政府就完全禁止将这种车当作出租车来使用。1400名开 Tempo 车的出租车司机或是选择更加清洁的车型，或是只能退出这一行。这一措施减少了加德满都市内出租车的供应量，也就势必带来了价格的上涨。政府减排的一些法规往往会带来物价上涨的副作用。

弃的油井现在也重新投入使用，并将石油的高价有效压低。这一期间，人们在无人定居的阿拉斯加北坡（North Slope）和北海地区都发现了石油，并最终将其投放市场。

　　原油价格飙升带来的另一大重要结果是有关太阳能、风能等清洁可再生能源的研究也大幅增加了。这些研究的成果大大减少了这些绿色新能源的使用成本。不过，依靠新能源发电虽然在技术上可

以地球为代价？

从20世纪70年代初开始，全球就兴起了一场有关是否存在"发展的限度"的争论。这一话题非常重要，尤其是在当时全球各地的人口都在快速增长的背景下。消费者能永无止境地消费吗？生产者可以不断扩大商品和服务的产量吗？可以生产出越来越多的食物、饮料、衣物、化妆品、书本、报纸、汽车和电脑吗？还是说公司用来生产这些商品的资源实际上是有明确的限制的？同样不能忽略的是，生产过程带来的污染和废物这些副产品是否也有限度？现在人类已经可以分裂原子，可以向自然生态中排放出可能致命的放射性物质，这些物质无法控制也无法销毁。在这样的情况下，人类是否还可以保持一直以来的做法而不作改变呢？

世界末日设想

这场争论的参与者包括政府、企业、经济学家、科学家、非政府组织和环保人士，而争论最开始主要围绕能源问题展开。随着机动车的产量和消费量越来越大，人们对汽油的需求量也自然上升了。而电视的产量和购买量增加之后，需要的电力也就增加了。同样地，当新生人口增加，人们也就需要更多的燃料烹饪和取暖。但石油和煤炭都是不可再生资源：如果，或者说当我们耗尽了这些

尽可能减少生活垃圾和工业废弃物对环境带来的影响在现今非常重要。

图中这样的风力发电厂在发达国家正得到越来越广泛地应用。

燃料的储量时，我们要如何给家中照明和取暖？汽车和电脑又要怎样运作？

即便是可再生资源，其补充的速度也是很慢的。比如砍伐一片硬木森林只需要几个月，但要长出这样一片森林却需要上千年。可每年都有数万亩这样的森林被砍伐，并且也几乎没有种下新的树木。粮食作物虽然可以年年收获、年年播种，但前提是要有土地。而土地，尤其是优质土地也是一种有限的资源，而且日渐紧张。鱼类资源也被归为可再生能源，但世界上有许多食用鱼都遭到了过度捕捞，甚至濒临灭绝。

同时，有很多人都认为我们的环境正面临越来越大的压力。汽车尾气、工厂废气和污染都导致许多大城市上空持久地被雾霾笼罩。河流也受到了严重污染，有些甚至连生物都无法生存。而放射性废料和有毒化学物质的处理也有很严重的问题，尽管1992年在巴西的里约热内卢和1997年在日本东京的联合国峰会上，国际社会已经就各国的排放限额达成了一致，温室气体依然在侵蚀着臭氧层。很多科学家和忧心的公民都认为全球变暖是地球正在面临的严重威胁。

许多专家和评论家都认为，各行业的不断发展，以及各国政府不断追求经济发展的增长，最终会不可避免地导致生态灾难，除非我们可以改变目前的行事方式。不断有人疾呼一种崭新的、可持续的发展方式，同时呼吁要为了子孙后代保护自然环境。对于地球未来的担忧超过了赚一波快钱的欲望，这点是前所未有的。

市场解决方案：魔法还是迷思？

尽管有些政府和公司大体上是支持这种观点的（至少原则上支持），但还是有一些人，尤其是规模较大、污染更严重的行业，以及支持自由市场的经济学家和政治家认为，上述这种观点是有漏洞的，而且太过悲观。

他们的基本立场是，市场最终会有效应对上面提到的大部分问题。比如，当石油和煤炭这类资源快要耗尽的时候，其价格会上涨，也因此会刺激人们加大勘探的力度。同时，发展新技术、利用太阳能、风能和潮汐能等新能源的利润会逐渐增加。他们同样预测，人们为了对抗食物短缺，也会开发出更多高效的粮食种植方式；当其他资源，比如硬木森林等在不断消耗的时候，人们也会找到其他的替代选择。同时，技术的发展也可以帮助解决废物排放和全球变暖等问题。

近年来，专门生产可再生玻璃、纸张和罐头的企业在全球多地蓬勃发展。同时新能源开发也取得了显著进展，不仅有了家用的太阳能电池板，发达国家的一些小镇和村庄的电力开始由风力提供。仅靠利润是否足以推动生态意识的形成还有待观察。也有可能是，上述种种进展或是规模太小，或是为时已晚，要解决地球现在面临的问题还是需要更加激进的解决方案。

行，但目前还无法大规模商业化。尽管如此，经济学家预测化石燃料价格的上涨势必会增加对可再生能源的依赖性。不可再生的化石燃料已经日薄西山，未来市场属于太阳能等新式能源。

只有存在经济激励的情况下，废物才会被集中倾倒在特定区域和回收。

191

交易污染的权力

　　美国正在应对酸雨问题，而其应对的主要武器就是可转让许可证制度。在1990年《清洁空气法案》（Clean Air Act）的授权下，美国环境保护署（Environment Protection Agency，EPA）已经向100多家发电厂颁发了硫氧化合物的排放许可证。硫氧化合物在排放到大气后会和水分反应，形成酸雨。而这一许可证制度的目标就是每年减少1000万吨的硫氧化合物排放量。每张许可证可以允许其持有者排放1吨的硫氧化合物。这些许可证是可以转让的，未使用的许可证可以留到次年使用。这一制度有趣的一点是任何人都可以买下这些许可证让其作废，也就是说不让这些许可证进入市场循环，公司也就无法买到这些许可证来排污。这一设计让环保团体和个人都有了直接行动改善环境质量的机会。

　　美国各州也建立了类似的制度以应对空气质量问题，其中就包括加州施行的"区域清洁空气激励市场"（Regional Clean Air Incentives Market，RECLAIM）制度。这一制度涉及约400种空气污染物，目的是到2010年将整体的污染排放水平降低5%～8%。

使用化石燃料的发电厂可能被使用太阳能和风能的发电厂取代，因为后者对环境的破坏性更小。

来源：《控制污染的可交易许可证制度：与魔鬼的交易还是重返天堂之路？》（*Tradable Permit Approaches to Pollution Control: Faustian Bargain or Paradise Regained？*）汤姆·蒂坦伯格（Tom Tietenberg），科尔比学院，经济系，1999年。

术语表

保护主义：一种经济学说，试图通过对进口商品征收关税来保护国内生产者。

比较优势：生产者（个人、企业或政府）在以较低的机会成本生产产品时所获得的优势。

财富：一个家庭、企业或国家的总资产减去总负债所得。

财政政策：政府为维持经济平衡而实施的政策，一般是改变商品或服务支出，或通过税收增加收入。

成本效益分析：对项目或政策进行评价，例如，将所有的社会和财政成本，与该项目或政策产生的社会和财政效益进行比较。

发展中国家：正在经历经济现代化过程的国家，这些国家通常通过发展工业和商业基础来增加国内生产总值。

繁荣与萧条：用于描述经济活动在增长与收缩之间剧烈波动的时期。

放任主义：法语意为"随它去吧"，最初在古典经济学中用来描述没有政府干预的经济。

福利国家：由政府提供福利的制度，为公民提供健康保障，并使其免于贫困。福利通常包括免费医疗、疾病或失业保险、养老金、残疾津贴、住房补贴和免费教育等。

供给：以特定价格出售的商品或服务的数量。

规模经济：当产出增加时，导致产品生产平均成本下降的因素。

国际收支：一个国家的国际贸易、借贷的记录。

国民生产总值（GNP）：国内生产总值加上国内居民从国外投资中获得的收入，减去外国人在国内市场上获得的收入。

国内生产总值（GDP）：某一特定经济体的最终产出总值。

黑市：经济中的非法活动市场，不受管制或无法征税，经常买卖高价、非法或稀有商品。

宏观经济学：研究对象是整体经济而不是个人或企业的具体选择的学科。

货币供应量：经济体中可以很容易地兑换成商品和服务的流动资产数量，通常包括纸币、硬币和支票及银行存款。

货币政策：试图通过改变货币供应和利率来调节通货膨胀和经济活动的政策。制定货币政策通常是各国中央银行的职责。

货币主义：一种经济学说，认为经济中的货币数量是社会总需求的主要决定因素。因此，政府试图通过刺激需求来增加产出只会导致通货膨胀。

机会成本：在做出经济选择时必须放弃的最佳选择。

计划经济：生产和分配由中央权力机构决定，如统治者或政府。

净出口额：一个国家财政状况的指标，由出口价值减去进口价值得出。

凯恩斯主义：以凯恩斯的理论为基础的经济理论，主张政府通过财政政策进行干预以稳定经济。

可持续发展：在经济发展过程中，利用可再生资源而不是有限资源，并尽量减少经济活动对环境造成的永久性破坏。

劳动力：为经济活动提供体力或脑力的合法劳动者。

利息：储蓄者或投资者在其存款或投资中赚取的金额，或借款者在其贷款中支付的金额。利息的数额由利率决定。

流动性：衡量一项资产转换成现金的容易程度。

垄断：市场中某一种商品或服务只有一个供给者，且无法找到类似的替代品。

企业家精神：能够感知市场中的机会，并将生产要素组合起来利用这些机会。

商品：产品，如咖啡、棉花、铜或橡胶。在经济学中，"商品"也用来描述生产过程中创造的产品或服务。

商业周期：经济活动中有周期性但不规律的波动，通常由国内生产总值来衡量，经济学家并不完全了解其涨落原因。

生产率：资本和劳动力等资源的投入与商品和服务的产出之间的比率。

生产要素：经济中的生产资源，通常定义为土地、劳动力、企业家精神和资本。

失业：一种生活状况，指成年劳动力没有工作，并正在找工作。

市场：促进商品、服务或生产要素的买卖的一项基础设施。在自由市场中，由此产生的价格由供求规律而不是外部约束来调节。

衰退：经济活动的严重收缩，以连续两个季度国内生产总值下降为标志。

税收和关税：政府对经济活动征收的强制性费用。政府可以对多种财富或收入征税，对营业利润征税，或对驾驶等活动征收执照费。关税是对进口商品征收的税。

私营部门：经济中的一个组成部门，其经济活动由个人或公司决定，生产资料由个人或公司拥有。

通货紧缩：物价的普遍下跌。

通货膨胀：物价总水平呈现上升趋势。

土地：土地和所有自然资源，如石油、木材和鱼类等。

托拉斯：企业间形成的反竞争联盟，目的是迫使商品价格上涨，降低成本。1890年的《谢尔曼法》规定托拉斯在美国是非法的。

外部性：某一项经济活动对第三方造成了损失，而责任并没有由该经济活动的执行者来承担。

外汇兑换率：一国货币兑换另一国货币的比率。这个比率经常被用来衡量不同经济体的相对进出口优势和劣势。

微观经济学：研究对象是个体、家庭和企业，它们在市场上的选择，以及税收和政府监管对它们的影响。

消费品：经济产品或商品，购买后供家庭使用，而不是供工业使用。

消费者物价指数（CPI）：一种经济指标，以一系列商品和服务的价格为基础来计算家庭的平均支出。

萧条：商业周期的低谷，通常以高失业率、低产出、低投入和企业普遍破产为特征。

新殖民主义：一个国家与前殖民地之间的一种关系，在这种关系中，前殖民地的商业利益继续主导后者的经济。

需求：人们对特定商品或服务的需求，并且有一定的支付能力提供支持。

以物易物：一种贸易制度，用商品而不是货币来交换其他商品。

债券：在未来某一特定日期支付一定数额金钱的法律义务。

账户：个人、公司或政府保存的收入、支出、资产和负债的记录。

中央银行：公共组织，或受政府影响，或是独立的，为监督和管理一个国家的货币和金融机构而设立。

重商主义：16世纪至18世纪在欧洲流行的一种经济政策，强调出口的重要性，以赚取黄金和白银储备，并使用高关税来阻止进口。

专业化：由个人、企业或政府决定只生产或提供一种或几种商品或服务的做法。

资本：由家庭、公司或政府拥有的有形资产，如设备、房地产和机器。资本也指金融资本，或用于资助企业的资金。

资本主义：一种以私有制、企业和自由市场为基础的经济制度。自16世纪以来，资本主义一直是西方世界占主导地位的经济体系。

资产负债表：显示公司、个人或其他经济单位财务状况的资产和负债清单。

自由贸易：不受关税或配额等壁垒限制的国际贸易。

参考文献

Allen L. *Encyclopedia of Money*. Santa Barbara, CA: ABC-Clio, 1999.

Ammer C., Ammer D. S. *Dictionary of Business and Economics*. New York: MacMillan Publishing Company, 1986.

Atrill P. *Accounting and Finance for Non-Specialists*. Engelwood Cliffs, NJ: Prentice Hall, 1997.

Baker J. C. *International Finance: Management, Markets, and Institutions*. Engelwood Cliffs, NJ: Prentice Hall, 1997.

Baites B. *Europe and the Third World: From Colonisation to Decolonisation, 1500–1998*. New York: St. Martins Press, 1999.

Bannock G., Davis E., Baxter R.E. *The Economist Books Dictionary of Economics*. London: Profile Books, 1998.

Barilleaux R. J. *American Government in Action: Principles, Process, Politics*. Englewood Cliffs, NJ: Prentice Hall, 1995.

Barr N. *The Economics of the Welfare State*. Stanford, CA: Stanford University Press, 1999.

Barro R. J. *Macroeconomics*. New York: John Wiley & Sons Inc, 1993.

Baumol, W.J., and Blinder, A.S. *Economics: Principles and Policy*. Forth Worth, TX: Dryden Press, 1998.

Begg, D., Fischer, S., and Dornbusch, R. *Economics*. London: McGraw-Hill, 1997.

Black J. A. *Dictionary of Economics*. New York: Oxford University Press, 1997.

Blau F. D., Ferber M. A., Winkler A. E. *The Economics of Women, Men, and Work*. Engelwood Cliffs, NJ: Prentice Hall PTR, 1997.

Boyes W., Melvin M. *Fundamentals of Economics*. Boston, MA: Houghton Mifflin Company, 1999.

Bradley R. L Jr. *Oil, Gas, and Government: The U.S. Experience*. Lanham, MD: Rowman and Littlefield, 1996.

Brewer T. L., Boyd G. (ed.). *Globalizing America: the USA in World Integration*. Northampton, MA: Edward Elgar Publishing, 2000.

Brownlee W. E. *Federal Taxation in America: A Short History*. New York: Cambridge University Press, 1996.

Buchholz T. G. *From Here to Economy: A Short Cut to Economic Literacy*. New York: Plume, 1996.

Burkett L., Temple T. *Money Matters for Teens Workbook: Age 15-18*. Moody Press, 1998.

Cameron E. *Early Modern Europe: an Oxford History*. Oxford: Oxford University Press, 1999.

Chown J. F. *A History of Money: from AD 800*. New York: Routledge, 1996.

Coleman D. A. *Ecopolitics: Building a Green Society* by Daniel A. Coleman Piscataway, NJ: Rutgers University Press, 1994.

Cornes R. *The Theory of Externalities, Public Goods, and Club Goods*. New York: Cambridge University Press, 1996.

Dalton J. *How the Stock Market Works*. New York: Prentice Hall Press, 1993.

Daly H. E. *Beyond Growth: the Economics of Sustainable Development*. Boston, MA: Beacon Press, 1997.

Dent H. S. Jr. *The Roaring 2000s: Building the Wealth and Lifestyle you Desire in the Greatest Boom in History*. New York: Simon and Schuster, 1998.

Dicken P. *Global Shift: Transforming the World Economy*. New York: The Guilford Press, 1998.

Economic Report of the President Transmitted to the Congress. Washington D. C.: Government Publications Office, 1999.

Elliott J. H. *The Old World and the New, 1492–1650*. Cambridge: Cambridge University Press, 1992.

Epping R. C. *A Beginner's Guide to the World Economy*. New York: Vintage Books, 1995.

Ferrell O. C., Hirt G. *Business: A Changing World*. Boston: McGraw Hill College Division, 1999.

Frankel J. A. *Financial Markets and Monetary Policy*. Cambridge, MA: MIT Press, 1995.

Friedman D. D. *Hidden Order: The Economics of Everyday Life*. New York: Harper Collins, 1997.

Friedman M., Friedman R. *Free to Choose*. New York: Penguin, 1980.

Glink I. R. *100 Questions You Should Ask About Your Personal Finances*. New York: Times Books, 1999.

Green E. *Banking: an Illustrated History*. Oxford: Diane Publishing Co., 1999.

Greer D. F. *Business, Government, and Society*. Engelwood Cliffs, NJ: Prentice Hall, 1993.

Griffin R. W., Ebert R. J. *Business.* Engelwood Cliffs, NJ: Prentice Hall, 1998.

Hawken P. et al. *Natural Capitalism: Creating the Next Industrial Revolution.* Boston, MA: Little Brown and Co., 1999.

Hegar K.W., Pride W.M., Hughes R. J., Kapoor J. *Business.* Boston: Houghton Mifflin College, 1999.

Heilbroner R. *The Worldly Philosophers.* New York: Penguin Books, 1991.

Heilbroner R., Thurow, L. C. *Economics Explained: Everything You Need to Know About How the Economy Works and Where It's Going.* Touchstone Books, 1998.

Hill S. D. (ed.). *Consumer Sourcebook.* Detroit, MI: The Gale Group, 1999.

Hirsch C., Summers L., Woods S. D. *Taxation : Paying for Government.* Austin, TX: Steck-Vaughn Company, 1993.

Houthakker H. S. *The Economics of Financial Markets.* New York: Oxford University Press, 1996.

Kaufman H. *Interest Rates, the Markets, and the New Financial World.* New York: Times Books, 1986.

Keynes J. M. *The General Theory of Employment, Interest, and Money.* New York: Harcourt, Brace, 1936.

Killingsworth M. R. *Labor Supply.* New York: Cambridge University Press, 1983.

Kosters M. H. (ed.). *The Effects of Minimum Wage on Employment.* Washington D.C.: AEI Press, 1996.

Krugman P. R., Obstfeld M. *International Economics: Theory and Policy.*

Reading, MA: Addison-Wesley Publishing, 2000.

Landsburg S. E. *The Armchair Economist: Economics and Everyday Life.* New York: Free Press (Simon and Schuster), 1995.

Lipsey R. G., Ragan C. T. S., Courant P. N. *Economics.* Reading, MA: Addison Wesley, 1997.

Levine N. (ed.). *The U.S. and the EU: Economic Relations in a World of Transition.* Lanham, MD: University Press of America, 1996.

MacGregor Burns J. (ed.). *Government by the People.* Engelwood Cliffs, NJ: Prentice Hall, 1997.

Morris K. M, Siegel A. M. *The Wall Street Journal Guide to Understanding Personal Finance.* New York: Lightbulb Press Inc, 1997

Naylor W. Patrick. *10 Steps to Financial Success: a Beginner's Guide to Saving and Investing.* New York: John Wiley & Sons, 1997.

Nelson B. F., Stubb C. G. (ed.) *The European Union : Readings on the Theory and Practice of European Integration.* Boulder, CO: Lynne Rienner Publishers, 1998.

Nicholson W. *Microeconomic Theory: Basic Principles and Extensions.* Forth Worth, TX: Dryden Press, 1998.

Nordlinger E. A. *Isolationism Reconfigured: American Foreign Policy for a New Century.* Princeton, NJ: Princeton University Press, 1996.

Painter D. S. *The Cold War.* New York: Routledge, 1999.

Parkin M. *Economics.* Reading, MA: Addison-Wesley, 1990.

Parrillo D. F. *The NASDAQ Handbook.* New York: Probus Publishing, 1992.

Porter M. E. *On Competition.* Cambridge, MA: Harvard Business School Press, 1998.

Pounds N. J. G. *An Economic History of Medieval Europe.* Reading, MA: Addison-Wesley, 1994.

Pugh P., Garrett C. *Keynes for Beginners.* Cambridege, U.K.: Icon Books, 1993.

Rima I. H. *Labor Markets in a Global Economy: An Introduction.* Armonk, NY: M.E. Sharpe, 1996.

Rius *Introducing Marx.* Cambridge, U.K.: Icon Books, 1999.

Rosenberg J. M. *Dictionary of International Trade.* New York: John Wiley & Sons, 1993.

Rye D. E. *1,001 Ways to Save, Grow, and Invest Your Money.* Franklin Lakes, NJ: Career Press Inc, 1999.

Rymes T. K. *The Rise and Fall of Monetarism: The Re-emergence of a Keynesian Monetary Theory and Policy.* Northampton, MA: Edward Elgar Publishing, 1999.

Sachs J. A., Larrain F. B. *Macroeconomics in the Global Economy.* Englewood Cliffs, NJ: Prentice Hall, 1993.

Shapiro C., Varian H. R. *Information Rules: A Strategic Guide to the Network Economy.* Cambridge, MA: Harvard Business School, 1998.

Smith A. An *Inquiry into the Nature and Causes of the Wealth of Nations*, Edwin Cannan (ed.). Chicago: University of Chicago Press, 1976.

Spulber N. *The American Economy: the Struggle for Supremacy in the 21st Century.* New York: Cambridge University Press, 1995.

Stubbs R., Underhill G. *Political Economy and the Changing Global Order.* New York: St. Martins Press, 1994.

Teece D. J. *Economic Performance and the Theory of the Firm.* Northampton, MA: Edward Elgar Publishing, 1998.

Thurow L. C. *The Future of Capitalism: How Today's Economic Forces Shape Tomorrow's World.* New York: Penguin, USA, 1997.

Tracy J. A. *Accounting for Dummies.* Foster City, CA: IDG Books Worldwide, 1997.

Tufte E. R. *Political Control of the Economy.* Princeton, NJ: Princeton University Press, 1978.

Varian H. R. *Microeconomic Analysis.* New York: W. W. Norton and Company, 1992.

Veblen T. *The Theory of the Leisure Class (Great Minds Series).* Amherst, NY: Prometheus Books, 1998.

Wallis J., Dollery B. *Market Failure, Government Failure, Leadership and Public Policy.* New York: St. Martin's Press, 1999.

Weaver C. L. *The Crisis in Social Security: Economic and Political Origins.* Durham, NC: Duke University Press, 1992.

Werner W., Smith S. T. *Wall Street.* New York: Columbia University Press, 1991.

Weygandt J. J., Kieso D. E. (ed.). *Accounting Principles.* New York: John Wiley & Sons Inc, 1996.

Williams J. (ed.). *Money. A History.* London: British Museum Press, 1997.